教養としてのお金の使い方

はじめに

　私たちを取り巻く経済・金融の環境はものすごいスピードで変化しています。たとえばクレジットカードはもとより電子マネー、ＱＲコード決済などの普及によって、物理的な現金を扱う機会が減っています。
　するとお金は目に見えない単なる数字・記号となり、自分は何にお金を使うべきか、どんな価値にお金を払っているのかを、あまり考えずに気軽に支出してしまう状況が生まれやすくなります。

　一方で企業はあの手この手で私たちに消費させようとします。たとえばワンクリックで瞬時に買い物ができる、一度見た商品やその類似の商品が洗脳かと思うほど何度もパソコンやスマホの画面上に表示される、サブスクリプションで割安に見せられる、「もうすぐ売り切れ！」「あと○○個！」などと焦らせるなど、執拗とも思えるマーケティングに日常的にさらされます。

さらにはＳＮＳが浸透してくると、口コミやレビューなどといった他人の意見を参考に消費を決める頻度が増えます。自分の価値判断基準を信じるのではなく、「他人がいいと言うから」という理由で、自分が何に支出すべきかという判断を他人に委ねてしまう。

あるいはキラキラした誰かの投稿を見てうらやましく感じ、自分も友人知人にウケたいと「映え」のためだけに高額な消費をすることもあります。

その結果、本当はもっと有効なお金の使い道があったのに、その余裕がなくなってしまうかもしれない。

周囲のみんなは素敵なレストランで外食できるのに、それができない自分は貧乏なんだと絶望してしまうかもしれない。

そんな生き方は誰も望んでいないと思います。

そこで本書では「教養としてのお金の使い方」を提唱しています。

一般的に言われる教養とは、社会生活を営むうえで必要な文化に対する広い知的基盤や心の豊かさを指しますが、**「教養としてのお金の使い方」**とは**「自分の人生を豊かにするお金の使い方」**です。

前書『頭のいいお金の使い方』（日本実業出版社）でも述べたとおり、私たちはお金を使いながら人生を形成しています。

お金はほとんどの問題を解決できる万能ツールですが、同じ包丁でも人が喜ぶ料理をつくれる一方、誰かを傷つけることもあるように、使い方によっては「生き金」になることも「死に金」になることもあります。

そこでいかに死に金を減らし、生き金となるお金の使い方を実践するかを学ぶことで、豊かな人生にしようというのが前書のテーマでした。

本書はそこからもう一歩踏み込んで、「読者の価値判断基準を揺さぶる」試みをしています。

というのも、「自分の考えと異なる主義主張に触れたとき、自分の価値判断基準を見直す契機になる」からです。

たとえば大学教育などでよく聞く一般教養は「リベラルアーツ」とも呼ばれ、これは「自由への技法」つまりさまざまな束縛から解放され自由に生きるための技術でもあります。

固定観念や先入観などにとらわれると、自由な発想や物事の深い理解、あるいは応用ができなくなるためです。

そこで**本書でも「自分の思考の枠を超え、お金を使うことで認識できる世界を広げていく」材料の提供に注力しました。**

本書はあくまで私個人の考えをベースに論じていますが、そのなかには「それは違うんじゃないの？」「自分はそうは思わない」というものも出てくると思います。するど、自分の主義主張の弱さを埋めようと考えたり、全部は賛同できなくても部分でもいいと感じる考えを取り込んだり、別のもっとよい第三の方法を編み出したりなど、自分の思考の枠を超えるチャンスでもあるのです。

そうやって獲得した教養は、より戦略的なお金の使い方を考える土台になります。

「戦略的」とは、自分の目的を達成するための最短かつ合理的な方法論のことですが、これを自分の力だけで考え実践できるならば、どんな時代環境でも有利に快適に生き抜くことができるでしょう。

円安、インフレ、金利上昇など、個人を取り巻く経済環境は悪化しているようにも思えますが、「ピンチはチャンス」とも言われるように、視点を変えれば機会を創出しやすい環境でもあります。

本書ではそのヒントを多数紹介していますので、ぜひ「教養としてのお金の使い方」を身につけ、自分の人生を有利に展開するきっかけになれば、著者としてうれしく思います。

午堂登紀雄

2025年1月

教養としてのお金の使い方◉目次

CONTENTS

第2章 お金を使って人生を豊かにする

CONTENTS

第3章 お金が逃げていく「行動パターン」

CONTENTS

第4章 「自己投資」で未来を変える

CONTENTS

第5章 情報を精査してからお金を使う

CONTENTS

第6章 お金に働いてもらう

CONTENTS

カバーデザイン●西垂水敦・岸恵里香（krran）
DTP●一企画

第1章

お金を「万能の道具」にする方法

01 情報を制する者がお金を制す

情報に振り回されると財布を開かされる

かねてより、情弱つまり情報弱者とは「知らない」「最新情報にアクセスできない」人を指し、ゆえにチャンスを逃したり不利になったりするという文脈で使われてきました。

確かにインターネットがなかった時代、知っているか知らないかで差がつくことは多かったですし、いまでもその側面はあります。

しかしネットで誰もが気軽に世界中の情報にアクセスできる時代になっても、いやだからこそ、情弱があぶり出される傾向が強くなっています。

　ここでいう**情報弱者とは、他人の情報を鵜呑《うの》みにして安易に信用してしまう人、先入観や自分の考えに固執し異なる情報を受け入れられない人、時代や状況の変化に応じて自分の考えを修正できない人などのこと**です。

　どんな最新情報や有益な情報があったとしても、それをうまく活用できなければもともとなかったのと同じです。もしそれによって誤った判断につながったとしたら、そんな情報はむしろマイナスでしょう。

　たとえば昨今「闇バイト」という事件がニュースになっていますが、ＳＮＳでこれらの高収入バイト情報を見て疑わない人などはわかりやすい例だと思います。

　そもそも真偽のほどが確かでないＳＮＳ上に、信頼できる求人情報があるでしょうか。誰でもできる・短時間で済む仕事に、なぜそんな破格の賃金が支払われるのか疑問に思わないでしょうか。秘匿性の高いメッセージアプリに誘導されたとき、仕事なのになぜそんなコソコソするような連絡手段を使うのか、おかしいと思わないでしょうか。

　そして、案件の内容が犯罪だとわかっても、警察など然るべき機関に相談しようと思わない（相談できない）わけですから、「情報」を鵜呑みにし、振り回され、そのおかげで自分が不利になってしまう典型例ではないでしょうか。

わかりやすい例として闇バイトを引き合いに出しましたが、情報弱者はこの例に限らず生活の全方位で情報に振り回されます。

たとえば「リボ払いは毎月一定額の返済だからオトク」とか「この食品を食べると痩《や》せるらしい」などと財布を開かされます。

あるいは「投資」と「出費」の区別がついておらず、たとえば「奨学金は借金だ」などと騒いだり、「自分へのごほうび」「映えるから」などと根拠のない支出を重ねます。また、詳細は後述しますが「SNSの詐欺広告」に騙《だま》される人も後を絶ちません。

このように、**情報処理能力が低いままでは「お金は出ていくけれど入ってこない」という状況に容易に陥ってしまう**でしょう。

情報処理能力を高めればお金は「万能の道具」になる

もし「がんばっているのに一向に収入が増えない」「節約しているつもりなのにお金が貯まらない」「便利な世の中になっているはずなのに、生活に余裕がない」と感じているとすれば、**まずは情報処理能力を高める必要がある**といえます。
それはたとえば自分に必要な情報を取捨選択する能力、その情報をさらに掘り下げてウラを取ったり比較したりする検証能力、情報の裏に隠されている意図や本質を読み解く洞察力、自分や生活への影響を考察する想像力のことです。

これらの力を高い水準で獲得できれば、収入を増やしたり、無駄な支出をなくしたり、銀行からお金を借りて投資したりなど、自分のお金だけでなく他人のお金すらも自由自在に扱い、生活を豊かにすることができます。
まさにお金を「万能の道具」としてフル活用できるわけです。

そこで第1章では情報の取り扱い方についてご紹介します。

POINT
「情報処理能力」を磨いて生活を豊かにする

02 スマホ料金があなたのマネーリテラシーである

「よく考える人」と「考えない人」の差が出る

過去5年間で、自分のスマホや携帯電話の料金プランを何度見直したでしょうか。「見直したことがない」と言う人でも、「自分のライフスタイルに最もフィットし、最もコスパのよい料金プランを選んでいる」と自信を持って言える人はどのくらいいるでしょうか。

各社から毎年のように新プランが発売されているうえ、通話時間にパケットの量、パケットの繰り越しやシェア、家族割から各種付帯サービスとの併用割引など、複数の要素を組み合わせることになりますから、選択肢は膨大です。

そのため、「複雑だ」「よくわからない」という印象を持つ人も少なくない。ゆえに**「よく考える人」と「考えない人」の差が出やすい**のです。

ここで思考を放棄する人の典型例が「大手キャリアのセットプランを選ぶ」か、「店頭で店員に（もしくは家族や友人などに）おすすめされたプランを選ぶ」かのいずれかではないでしょうか。

さらにスマホ・携帯は今後生涯にかけて加入し続けるものですから、累積すると金額的にも大きな差を生みます。たとえば月5000円だとしても、1年で6万円、40年で240万円にもなりますから。

つまり誤解を恐れずに言えば、**毎月のスマホ料金が自分のマネーリテラシーを反映している可能性がある**のです。

自分にとっての優先順位を考える

どのキャリアで契約するかの前に、**自分にとっての優先順位**を考える必要があります。たとえば、

・通話品質（つながりやすさや音質）は重要か
・通話頻度・通話時間はどのくらいか
・パケットはどのくらい消費するか
・留守電機能は必要か
などです。

これらに加えて、ほかの要素、たとえばパケットシェアや繰り越し、家族割、２年縛りの有無などさまざまな項目を加味して、最適なプランを選び、それを提供するキャリアのなかから最も有利なサービスを契約することになります。
しかも毎年のように新サービスが出てくるので、それらとも比較を続ければより有利なプランを利用できます。

もちろんお金があり余っていて「そんなのどうでもいい」とか、忙しくて「ほかにもっと考えるべき重要なことがある」と言う人には関係のない話ですが、５０００円のスマホ料金が半額になっただけでも40年で１２０万円の差になりますから、一般の人には見直す価値はあるのではないでしょうか。

機種選びで行動パターンを客観的に振り返る

機種選びについても、「処理速度」「容量」「液晶画面の大きさ」「重量」「カメラの性能」「バッテリーの持ち」、ほかにもおサイフケータイやワイヤレス充電への対応とか、防水・防塵といった細かな性能を考慮しつつ、価格とのバランスで決定します。

これがたとえばiPhoneユーザーならば、「最新のiPhoneが最高のiPhone」ということで新機種が出るたびに買い替えるのかもしれませんが、ただアップルのカモになっているだけにならないよう注意が必要です。**iPhoneの機能を十分に使いこなせているかを考えたとき、人によってはオーバースペックで割高になっている場合もある**でしょう。なので機種変更でも比較検討の価値があります。

いずれにしても自分にとって最適な料金プランを考えることは、自分の行動パターンやライフスタイル（の一部）を客観的に振り返ることでもあり、金銭面以上に重要な姿勢です。

自分の行動を検証できる能力があれば、生活の全方位においてすら客観的に把握できるわけです。つまりスマホに限らず仕事でもプライベートでも、つねに見直し最適解を導き出し、軌道修正できる能力があることを意味するからです。

逆に「店員のおすすめでなんとなく選んだ」という人は、ほかの買い物だけでなく仕事などでも他人からの影響で選択してきている可能性があります。

ちなみにわが家の場合、直近5年で私が3回、妻が2回、キャリアを変更しています。

妻は仕事でスマホを多用するため「通話放題」が必須で、パケットは月5GB（ギガバイト）ほど使用します。一方、つながりやすさや通話品質はさほど重要ではありません。

逆に私は最近は自分から電話をかけることはほとんどなくなり、自宅のパソコンをメインで使うためパケットは月2GB程度。ただし農業や太陽光発電所の管理で僻地《へきち》や山中に行くことがあり、つながりやすさは優先順位が高い。

なのでいまは夫婦別々のキャリアで違うプランを契約しており、機種も違います。

それでも夫婦2台で月2900円程度です。

なお、クレジットカード選びもこれと似た要素を持っています。

クレジットカードも日進月歩で新サービスが登場しており、自分の生活圏や生活スタイル、よく使う店舗などを考慮して選ぶことで、より有利なベネフィット（ポイントやマイル獲得、ラウンジ利用など）を享受できます。

私もよく使うネット通販企業のカード、交通系及び新幹線のカード、ガソリンスタンドのカードを持っています。

POINT

自分の「ライフスタイル・行動パターン」を把握する

03 世の中の情報はすべてポジショントークである

中立・公正・公平な情報はまずない

情報に惑わされないひとつの方法としては、「世の中の情報はすべてポジショントークである」という姿勢で接することです。**私たちが日常で接する情報は、基本的にその発信者が有利になる（少なくとも不利にならない）内容**になっているからです。

たとえばテレビに出てくるコメンテーターの発言もネットの記事も、その情報を発信している人の立場や価値観などが反映されており、客観的で中立・公正・公平な情報はまずないという前提で受け止めることが必要です。

報道ニュースはニュートラルに見えますが、それすら記者によって強調されていたり、編集によって部分が切り取られていたりすることもあります。

企業はもっと顕著でわかりやすいでしょう。不動産業者はいつの時代も所有者には「売りごろです」と売却を持ちかけ、買いたい人には「買い時です」と言います。

不動産関連のジャーナリストはいつも「大暴落」みたいなコラムを書き、金融関連の人も「これから上がる」「まもなく暴落する」などと煽《あお》る。

炎上する政治家の「失言」も、その言葉だけを切り取れば不謹慎に思えたとしても、文脈全体を見てみれば、単なる強調・たとえ・比喩・ジョークだとわかり、批判は的外れだというケースもあります。

そもそも**私たちが触れる情報のほとんどは、「買ってもらうための広告」や、「誰かの手が加えられた二次情報・三次情報」**です。

たとえばテレビをつけると、おそらくそのシャンプーを使ってはいないであろう女優や、その車を買ったことはないであろう俳優が宣伝しています。

報道ニュースですら「記者」の目を通じて発信されている二次情報ですが、私たちは自分で直接確認していない情報で日々の意思決定をしています。

三次情報に至っては、たとえばあなたの知人が「友達から聞いた話なんだけど」などということもあるように、真偽のほどがかなり怪しいことも珍しくありません。

本も「著者の価値観」で執筆されている

こう主張する本書も、私の経験や価値観が反映されていますから、誰かにとっては正しいかもしれませんが、誰かにとっては間違っているということもあるでしょう。私は起業家であり投資家ですから、起業も投資もポジティブにとらえており、そのように発信します。しかし、会社員の人や、起業や投資で手痛い失敗を経験している人は、それらをネガティブにとらえ、ネガティブな情報として発信するかもしれません。

誰もが自分の立場や価値観を否定したくないですし、自分は間違っておらず、自分の考えは正しいと正当化したい、自分には非がないと保身に走りたいものです。ゆえに私の主張も自己保身・自己正当化かもしれませんので、これもポジショントークだと思って一歩引いて受け取ったほうがよいわけです。

たとえば「地方移住」をとっても、「村八分にされた、もうコリゴリ」という体験談もあれば「自然が多くて快適、来てよかった」という体験談もあり、それらはどちらも本当なのでしょう。ゆえにあくまで参考として自分なりの判断軸で決定する必要があります。

だから余計に**自分で直接確認・経験することが重要であり、逆に他人がつくった情報、他人によって発信された情報には慎重であるべき**だと私は考えています。

そうでなければ、他人の情報に安易に踊らされて自分の行動を決めてしまったり、財布を開かされたりしかねないからです。

なぜ人は著名人のＳＮＳ投資詐欺広告に騙されるのか

その典型例のひとつが、最近話題になっている、ＳＮＳ上のニセ投資詐欺広告に騙された、という出来事です。

それらに投資した人たちの判断根拠は「著名人が宣伝・関与しているから」ということですが、著名人というだけでなぜそれが投資判断の材料になるのでしょうか。

「有名な人が宣伝しているから、大丈夫だろう」ということなのだと思いますが、そもそも「そこに出ているのは本当に本人なのか」を確認する必要があります。

実際にはその著名人の写真や動画を無断使用し、ＡＩなどで加工したニセ広告であることがわかります。

なぜそれがわかるかというと、その著名人は金融投資の専門家ではないし、その金融商品で利益を上げたという情報も証拠も何もないからです。

たとえば経済ジャーナリストや起業家が、株式投資やＦＸで儲ける方法なんて知っているはずもないでしょう。

仮に知っていたとしても、本人自身が実績を公開したりインタビューなどで語るなどして、「自分はこんなに結果を出しており、そのためのノウハウも持っている」という根拠を示していなければ、専門家かどうかは判断できないはずです。

だからそうでない人が投資商品を推奨するのは不自然だろう。顧客の信頼を失えばテレビ出演や出版などの道も断たれるのに、そのようなリスクを冒してまでやるメリットがないだろう、と容易に判断できます。

仮に本人だったならば、主催企業のホームページなどを確認してみる。その著名人が役員や顧問などで入っているわけではない場合は、単なる広告塔であることがわかります。

するとその企業の内部状況や管理体制がどうなっているかなど知る由もなく、著名人が広告に出ているからといってその企業や商品が信頼できるかどうかはわからないはず、ということがわかります。

人間は権威に弱いところがありますが、権威が言っているからといって安易に鵜呑みにしないことです。

たとえば「〇〇を食べると健康にいい」という情報を、医者が言うのと管理栄養士が言うのと、どちらを信じるでしょうか。

実際には医学部では基礎的な栄養学しか学ばないので、食品の栄養素について言えば医師よりも管理栄養士のほうがくわしい場合が多いのですが、医師の言うほうを信じる人は少なくないのではないでしょうか。

これはあらゆる領域について言えることで、**まずは「本当に専門家なのか」ウラを取る**必要があります。同時に、専門家ゆえに自分の専門分野を否定することはできない（自分の専門分野を正当化することしかできない）ことを知っておくことです。

POINT

他人の情報は、自分で直接確認して自分で判断する

04 自分とは異なる考えを受け止める

情報弱者にならないために必要な姿勢は、「自分の考えが間違っているのではないか？」と立ち止まる知的耐性と、「自分の考えとは異なる考えも、一理あるのではないか？」と反発せず受け止める知的度量を持つことです。

それには、一呼吸おいて感情を冷静に保ち、まずは相手の考えの正当性を論理的に考えてみることです。

そもそも他人の考えは何のために聞く必要があるかというと、「他人との信頼関係を構築・強化し、目的を達成すること」と、「自分の価値観や判断の脆弱性を発見すること」の2つではないかと思います。それぞれ説明します。

他人との信頼関係を構築・強化し、目的を達成すること

前者はわかりやすいと思います。たとえば家族や恋人でも、他人ですから考え方は違います。それを自分の考えが正しいとただ押しつけるだけでは、争いしか生みません。相手の考えを聞きたくなければ「ウルセー！」「知るかよ！」などと罵《ののし》り合いになるだけで、最後は離別です。

しかし相手とよい関係を築こうと思えば、相手の考えに寄り添い、時には妥協し受け入れ、折り合いをつけていこうとします。そのほうがトータルのメリットが大きいからです。

会社の上司部下同僚などの人間関係であれば、よりよい考えを持ち寄り、あるいはその考えを相互に発展させて成果を得ようとします。

誰かの強権発動だけでは、人はついてきませんから成果につながらず、いずれ組織はバラバラになるでしょう。

もちろん、その他人との関係がどうでもいいとか、関わっても何らメリットを生まないという場合は、当然ながらその人の考えを聞く必要はなく、ただ受け流せばいい。他人の考えを受け入れるデメリットのほうが大きい場合も、同じくスルーすればいいだけです。

自分の価値観や判断の脆弱性を発見すること

つぎに後者はどういうことか。たとえば自分が「少子化対策の一環として、第三子に1000万円を支給してはどうか」という考えを示したとき、相手から「でもそれじゃあ、養育能力の低い人が目先の現金欲しさに何も考えずに子を増やし、ネグレクトや虐待など別の問題を生むのではないか」と指摘されたとします。

それで「それは確かにそうかもね」と思ったとしたら、「では現金ではなく、減税や住宅ローン金利の補助など、1000万円と同等の負担軽減支援ならばいいのでは」などと、よりレベルアップした考えに至るでしょう。

そんなふうに他人の考えを聞いたとき、「確かにその指摘も一理ある。ならば自分はこのように考えよう」などとより洗練させることができます。

あるいは、家は借りるより買うほうが、経済的メリットが大きいと私は考えています（住宅ローンを組めることが前提です）。

転居が必要になったら人に貸して賃貸収入を得ることで、家賃を垂れ流すことなく資産形成ができるからです。

ゆえに持ち家を買う場合は、周辺相場の家賃水準を調べて、人に貸した場合、家賃から住宅ローン返済額、管理費や固定資産税などの経費を引いた手残りがプラスになるような価格の物件を買うことを推奨しています。

そしてその主張を読んだ人が「そうか、人に貸すという発想はなかった。自分もその考えを取り入れてみよう」などと新たな気づきを得るかもしれません。

逆に「いや、多忙な自分にとっては、人に貸すための時間と労力がもったいない。賃貸ならそんなことを考えずすぐに引っ越せるし、設備の修繕は大家がやってくれるなど余計な手間もかからない。時間と労力の節約には、家は借りたほうが合理的だ」と、自分の考えの正当性を論理的に強化し、より自分の判断を信頼できるようになるかもしれません。

それは自分の考えに固執し意固地になれということではなく、「自分にとって何に価値があり、何が合理的かという価値判断基準を確固たるものにする行為」であり、より納得性の高い判断・行動につながるのです。

私自身も20代のころには家を買うなどとは考えたこともありませんでしたが、当時「持ち家を貸す」という発想に出会っていれば、判断も変わっていたかもしれないなと思います。

「自分の考えが間違っているかもしれない」と立ち止まる

ただし、ここから先ほどの話に戻るのですが、自分の考えとは違う考えに触れたとき、「自分の考えが間違っているかもしれない」と立ち止まるのは、普通の人には相当困難ではないかと思います。

ほとんどの人にとって、そのように考えることはどこか自分が負けたかのように感じ、プライドが許さないからです。

本来は他人の「主義主張」が自分のそれと違うというだけで、自分の価値観や人格が否定されたわけではないですし、もちろんそのように感じる必要もないはずです。

しかし多くの人は、自分の意見が間違っていると認めることは、自分の価値観を否定することになると感じてしまう。それは自分の人格や生き方が否定されたと同じことだと拡大解釈してしまう。それは面白くないし悔しい。

ゆえにそういう人は自分の考えに固執し、「自分は正しい、間違っているのは相手だ」と他人の考えを否定するだけに終わり、思考の発展性を失ってしまいます。

SNSで難癖をつけてくるのもたいていこのタイプで、論理ではなく感情的に反発しているだけなので、根拠を聞かれると論理破綻しがちです。

「自分の考えが間違っているかもしれない」と立ち止まれるのは高度な知的耐性を保有している証左であり、**自分の考えを疑うことができるだけでおそらく人類トップ10%に入る知性の持ち主**ではないでしょうか。

POINT
自分の考えが「唯一の正解」ではないことを前提に

05 「思考の構造」を変えることにお金を使う

知識を使いこなすために必要なのは「思考」

自己投資としてすぐに思いつくのは、読書や各種セミナー、あるいはビジネススクールなどですが、それらで学んだからといって自分の価値が上がるかどうかはまた別問題です。

「能力が上がる」とは何か。それはたとえば「いままでの自分が持っていなかった視野・視点の獲得」「いままでの自分では適切にできなかった発想・判断」ができるようになることだと思います。

つまり**自己投資で重要なことは、「ものの見方、考え方を変える」「いままでの自分にはなかったものの見方、考え方を身につける」こと、つまり「思考パターンとその**

構造」を変えることです。

もちろん知識の体系的な習得も有用だとは思いますが、それら知識を使いこなせるかは思考パターンとその構造に依存するため、それらが変わらなければ知識もうまく活用できません。

しかし、**思考の構造が変われば、たとえば1を聞いて10を知るとか、既存の知識を組み合わせて無限の応用が効くとか、より有利な判断ができる**ようになります。

たとえば新しい分野の知識を得たい場合、書籍など文献を読めば、ある程度は身につけられます。スキルでさえ巧拙はあるにしろ、多少の経験を積めば身につけられる。

しかし私たちの前に立ちはだかる「思考の壁」、たとえば「固定観念」「先入観」「執着」「偏向的な思想」「短絡的な思考」などは、本を読んでも経験を積んでも、自分ではなかなか気づけないし修正も難しい。

「常識を疑え」と言われても、自分がとらわれている常識とは何か、常識にとらわれているとはどういう状態か、といったことに無自覚な人には、何ら意味を持たないわけです。

「リスキリング」が失敗すると考えるわけ

そう考えると、いま政府が推し進めている「リスキリング」はほぼ失敗する懸念があります。

というのも、新しい知識もスキルも、「自分のモノの考え方」という土台の上にしか展開できませんから、その土台が変わらなければいくらその上に情報を積み上げたとしても、出てくるアウトプットはどうしてもその色に染まったり歪んだりしてしまうからです。

政治の世界でも、「政治献金は必要だ」と考えている人は、どんなに政治資金規正法の改正に取り組んだとしても、政治献金を是とした方向でしか考えられないようなものです。

だから**思考の壁を取り除く取り組みをしなければ、知識が増えてもスキルが高まっても、目の前にある課題を改善・改革するような発想は出てこない。**

とくに私が疑問を抱いているのは、新しいことに挑戦しようという場面で、大学や大学院で学び直すという発想です。

たとえばテキストを読んだり大教室で講義を受けたりする、という行為。しかし、それらは書籍や文献で学べば十分です。

もちろん、ある特定のテーマを深く掘り下げて突き詰めて考えることや、ゼミの仲間や教授とのディスカッションで、自分には気づけなかった新しい視点にたどり着く可能性はあります。

それはメリットだと思いますが、しかしそれらはしょせん「なるほど、そうか」というピンポイントでの気づきであり、脳の思考回路が変わるほどの刺激になるのかどうか。

そもそも学校で学ぶ学問の多くは、先人が発見し組み上げた知識体系を土台にスタートします。それは天動説を学んで天動説を前提として、そのなかで星の動きを観察することに似ています。

それよりも現状に疑問を持ち、自ら問いを立て、「いや地球が動いているのでは？」など、新しい学問領域を自ら創造する姿勢があるなら、大学や大学院に通う意味は大いにあると思いますが。

「どこでもコンサル」「著者と格闘する読書術」

思考回路を変えるには、日常の思考習慣を変える取り組みをすることです。

たとえば私が若いころにやっていたのは、**街中や電車内で見かける広告の事業に対し、頭のなかで自分なりにコンサルする「どこでもコンサル」**です。

たとえばエステの広告を見かけたら、自分がそこの企業のコンサルタントとして雇われたとして仮定し、どのような提言をするのかを考えるのです。これを1日5本から10本、毎日やる。

日常生活でも、つぎのようなことをつねに問い、それらをなるべく自分なりに検証してみる。

「それは本当だろうか？」
「この人はなぜこういうことを言うのだろうか？」
「それは誰にどのようなメリットがあるのか？」
「それは本質的に重要なことか？　些末なことか？」

「自分の考えは間違っているのではないか？」

「自分は何かに固執し執着しているのではないか？」

「自分の考えにツッコミを入れるとしたら何が考えられるか？」

「いまはこれでよくても長期的にはどうなのか？」

「それは人間のどの感情に届くのか？」

「その主張にはどういう意図が隠されているのか？」

「もしかしたら自分の想像力が及んでいないのかもしれない」

「自分が見えていない、あるいは気づいていないことがあるかもしれない」

「この人の意見とも自分の意見とも違う、ほかの見方があるかもしれない」


もちろん検証には限界がありますが、仮に検証できなくても論理的整合性や合理性を自分なりに問うてみることです。

これを毎日意識して繰り返すだけでも、脳の思考回路は大きく変わるはずです。

また、**本を読みながら著者の思考と格闘するという読書法もおすすめ**です。

たとえば「著者はそういうけど、自分はこう考える。その理由はこうだ。しかしこの理由は著者よりも合理的だろうか？　著者からこうツッコまれたらどう返せばいいか？」

「著者が言っていることが通用するのはどういう場面か？　こういう場面ではどうなりそうか？　自分に置き換えたらどのように応用すれば使えるか？」

「自分がその状況に直面したら、どのように対応するだろうか？」

などを問いながら読むのです。

受け身の自己投資からの脱却

そして大学・大学院の話に戻ると、学校に通う人は「そこに通えば何か教えてくれそうだ、自分を変えてくれそうだ」という根拠のない受動的な願望を持っている可能性があります。

しかし自分の変化・変革に必要な教材は日常にゴロゴロ転がっており、**感受性を研ぎ澄ませれば、誰からでもどの本からでも、どんな状況からでも学びに変えることができます。**

これは仕事選びでも同じく「大企業に就職すれば」「ベンチャーに行けば」なんとかなりそうだ、というのと似ています。

しかしなんとかするのは自分自身であり、他人とか会社に変えてもらえるかも、という受け身では何も変わらないと思います。

「実力がある人」とはどんな環境でも自己成長できる人です（もちろん職場や企業風土などによる適性はありますが）。

自分で気づき自分で変わることができない人は、環境を変えても難しい。一時的に変われても、習慣が変わらなければ元に戻ってしまうでしょう。

「結果にコミットする」で有名な某パーソナルトレーニングに通って短期間で痩せたとしても、意識が変わらない人はいずれリバウンドしてしまうようなものです。

誰かがなんとかしてくれる、環境が自分を変えてくれる、新しいことを学べば新しい風が吹きそうだ、という根拠のない願望。

それが社会人の大学・大学院のように思います。とくに学校は仕事の場とは違い、それ単体では実力につながらない。

確かに新しい出会い、新しい環境で得られるものはあり、それがきっかけで人生が変わるという人もいると思います。

それに「キャリアチェンジ」の場合はその学びが評価され、新しい世界に飛び込む扉にもなります。だから通ってはいけないというわけではありません。

重要なのは、**大学院ではどんな姿勢で研究し、そこで学んだことをどう活かすかの戦略を持っているかどうか**、という点です。

「自分はこういう生き方をしたい、だからこういうキャリアを積む必要がある、そのために必要な能力は何か、それを獲得する自己投資はどうあるべきか？」を問い、そのなかに大学院は本当に有力な選択肢なのか、ほかにはないのか、をしっかり考えることではないでしょうか。

POINT

能力は「知識」ではなく「思考」で磨かれる

第2章

お金を使って人生を豊かにする

06

「自分の才能」に投資して人生をつくる

自分と他者を差別化された人生をつくる

本書のテーマでもある**「教養としてのお金の使い方」**とは、**自分の人生を有利にしてくれる、結果として幸福感を得られる人生に導くお金の使い方**です。

たとえば朝起きて満員電車に揺られて通勤し、会社の近くのコンビニでコーヒーを買い、ランチタイムには行列のできるラーメン店で食事、仕事が終わったら家の近くのコンビニで夕食を買って帰り、スマホでSNSをやって動画を見て寝る、という生活は、独身者であれば珍しくないかもしれません。

そして週末は昼ごろ起きて都心に出かけてウインドーショッピング、というのもよくある光景でしょう。

しかしここで立ち止まって考える。**自分の人生を有利にしてくれるお金の使い方をしているだろうか、と。5年後、10年後の発展的な未来につながるお金の使い方をしているだろうか、と。**

意識したことはあるでしょうか。「私たちはお金を使うことで、他者と差別化された人生をつくってきた」ということを。

ビジネススクールや英会話教室、スポーツクラブなどに行けば、当然ながらお金がかかります。しかしその出費と引き換えに、他人より優れたスキルや運動能力を手に入れることができる。あるいはその能力を他者よりも強化することができる。

たとえば私の妻はピアニストですが、学生時代、高い月謝を払って著名な先生についたからこそ、競争率の高い音楽大学に進学でき、国際的なピアノコンクールで入賞できたと言っていました。

私自身、米国公認会計士の資格を取得するために専門学校に通いましたし、論理的思考力を身につけるためビジネススクールにも通いました。英語力向上のため、夫婦そろってフィリピンの英語学校にも通いました。

資本主義社会において効率よく自分のスキルや能力を高めようとすると、多少なりともお金はかかるものです。逆の言い方をすると、お金を払ったからこそ一般に流通していない貴重な専門知識やスキルを教えてもらえるし、それが短期間で習得できるわけです。

「もったいない」では新しい世界を体験できない

私はこれまでも「節約貯金は貧乏への最短コース」と主張してきました。その理由は「経験の格差」につながるからです。

お金を貯めようと節約貯金をすることは、いま使えるお金を少なくする行為です。つまりそれは、結果として自分ができることの幅や深さをわざわざスケールダウンさせることと同じです。

もちろんお金をかけなくても人生を楽しむ方法はたくさんありますが、やはり限界があります。

「お金がもったいないから本を買わない」「お金がもったいないから勉強会に行かない」「お金がもったいないから旅行にも出かけない」という生活を続ければ、確かにお金は貯まるでしょう。

もちろん、そんな生き方を否定するつもりはありませんし、「節約貯金が重要」「老後対策が最大の関心事」「自己満足で何が悪い」という価値観の人もいると思います。それはそれで本人の自由であり、他人がどうこう言うことでもない。

しかし、ではその先に、いったいどれほど魅力的な人物となるか。自分が生きた証を後世に残せる人材となれるのか。数十年後に死の床を迎えたとき、「なかなかいい人生だった」と納得してこの世を去ることができるのか。

節約貯金に励むだけでは、お金を使わなければ得られない人生の広がりを捨ててしまうリスクがあります。

1500円がもったいないからと本を買わなければ、それを読んだら得られたはずの、新しい情報や知恵や考え方がもたらされない。

10万円がもったいないからと海外旅行に出かけなければ、それで得られたはずの、新しい経験や見聞や発見がもたらされない。

お金を使わない生活とは、いまの自分の生活圏の外側へ踏み出さないということです。

狭い自分の世界のなかだけでこじんまり生きるのは、確かに安心で心地いいかもしれない。しかし、**いまの自分が見たことのない世界を体験しないとか、いまの自分が持っていない発想や価値観に触れないという生活は、自分が進化しない**ということを意味します。

POINT

お金を使ってスキル・能力を進化させる

07 自分の頭脳を「負債」ではなく「資産」にしていく

『アリとキリギリス』には第二幕がある⁉

『アリとキリギリス』というイソップ寓話は、多くの人が一度は聞いたり読んだりしたことがあると思います。

要約すると、夏の間、アリたちは冬の食料を蓄えるために働き続け、キリギリスはバイオリンを弾き、歌を歌って過ごした。やがて冬が来て、キリギリスは食べ物を探すが見つからず、最後にアリたちに乞い、食べ物を分けてもらおうとするが、アリは「夏には歌っていたんだから、冬には踊ったらどうだい？」と食べ物を分けることを拒否し、キリギリスは飢え死んでしまった、という話です。

そして一般的には「コツコツ働くことが大事」「いざというときに備えて貯蓄しよう」

という教訓が語られます。

しかしこの話には第二幕があります（イソップ自身が書いたわけではないそうですが）。それは、「お金がなくなったキリギリスは、コンサートを開いて歌やバイオリンを披露した。するとアリたちが食べ物を持ってコンサートに集まってきた」という話。

キリギリスは夏の間は歌とバイオリンの練習をしていて、それは商品価値を持っていたということで、**自分の才能を磨いて付加価値を高めれば、困難が訪れても乗り越えられると言えるのではないでしょうか。**

このような話を聞いて「自分にはムリ」「そんなにうまくいくはずはない」「やってもムダ」などという発想をするとしたら、自ら自分の人生の足を引っ張ることになりかねません。それは自分の頭脳が「負債」となるだけです。

しかし**自己投資の本質は、自分の頭脳そのものを強力な「資産」にしていくこと**です。

資産としての頭脳が進化すれば、つねに自己を成長させ、毎年最高益を更新し続ける自分になることができます。そしてそれを実感できる人生となる。

この感覚は、私たちの「幸福」を構成するひとつの要素を手に入れたと同じくらい大きな価値があると考えています。

POINT

「自分の頭脳」が最高最強の資産である

08

「10万円」は本当に高いのか？

「最初の瞬間」だけでなく「その後」も想像する

「10万円です」と聞いて高いと思うか安いと思うか。

これは人それぞれですが、**モノの価値は絶対額の大きさではなく、自分が得たものの大きさで決まるもの**です。

払った金額以上に自分が求めるものが得られたなら、それが１００万円であろうと１０００万円であろうと安い。そうでないなら１円でも高い。

たとえば私が独立起業してインターネットをメインとしたビジネスを始めたとき、まったくの素人同然でした。

そこで、ネットマーケティングやアフィリエイトといったセミナーに参加しました。受講料は1回あたり5万〜20万円といろいろでしたが、5種類ほど受講して50万円ほど使いました。

そしてその後、私の会社の年商は初年度からいきなり1億円になりました。そう考えると、これは本当に格安の出費だと言えます。

つまり、**最初の瞬間での金額の大きさだけではなく、その後の累積効果まで考慮すると、高いか安いかの有力な判断材料になります。**

値札を見て短絡的に高いか安いかを判断すると、チャンスを逃したり、逆に不要なものまで買ったりしてしまいかねません。正月の初売りで福袋を見て「安い！」と、どうでもいい商品を衝動買いしてしまうようなパターンです。

値札に惑わされないためには、想像力を働かせることです。自分がそれを使いこなせるかどうか、いまだけではなく将来はどうかを見すえ、どのくらいのものが得られるか、想像して考えてみる。

たとえば大学に進学するとき。

高卒の生涯年収が約2億円、大卒の生涯年収は3億円だとすると、その差は1億円。大学の学費を奨学金で500万円借りて卒業しても、おつりが出るほど有益だと考えることができます。

しかし自分が行ける大学のレベルが高くなく、就職の実績もさほどではないとしたら？

その大学に行くなら在学中に相当な努力をしなければ、学費の500万円は割高となり、かつ奨学金は自分の価値を高める投資どころか単なる借金になってしまうリスクがあります。

では自分はそこまでの努力ができるのかどうか。どんな努力の方向性があるのか。それによって投資回収できる可能性はどの程度見込みがあるのか。

たとえば「進学と同時にダブルスクールで専門学校に通い、在学中に公認会計士試験に合格できるよう勉強しよう。そして監査法人でインターンを経験し、そのまま監査法人に就職できればいい。そうでなくても会計士に合格していれば会計事務所には就職できるのではないか」。

あるいは「いや、自分の能力で在学中に公認会計士試験合格の可能性は低い。ならば高卒で働きながら、有名大学の通信制で卒業を目指そう。通信制なら入学は難しくないし学費も安いから奨学金を借りる必要もない。それに最終学歴は有名大学になるから、その後の転職にも有利に働くだろう」。

そうやって未来を想像し、複数のシナリオを描き、それによって判断しようとする姿勢が、本当に大切なものを見つけ、金額が高くても躊躇《ちゅうちょ》なく財布を開ける自分をつくるのではないでしょうか。

POINT

「値札」だけでなく「将来」を見すえて判断する

09 「時間の価値」と「お金の価値」を理解する

お金の価値は一定ではない

「家族全員分の新幹線代を払って行くより、渋滞につかまってもクルマのほうが断然安上がり」と考える人もいれば、「新幹線だと小さな子どもたちが騒いだり走り回ったりして大変だし荷物も多いので、クルマのほうがラク」と考える人もいます。
あるいは、「旅費が高くついても新幹線で行くことで、道中は本を読んだり仕事をしたりなど時間を有意義に使える」「新幹線ならクルマよりも移動の疲労が小さくて済むし、事故の心配もないから安心」と考える人もいるでしょう。

そこに自分なりの合理性、つまり自分の時間とお金の価値を理解したうえでの判断を積み重ねていけば、納得性の高い生き方につながります。

しかし、ただ**「お金がもったいないから」という理由だけで自分の時間を投入するのはもったいない。**なぜなら、その時間を使えばできたはずのほかのことができなくなるからです。

逆に、ただ「面倒くさいから」という理由だけでお金を払うとしたら、それももったいない。なぜなら、そのお金があればできたであろうほかのことができなくなるからです。

「お金」を優先すべきか、「時間」を優先すべきか？

また、**自分の時間の価値、お金の価値は状況によっても変わるもの**です。

「1万円は1万円であり、それ以上でも以下でもない」という意見もあるかもしれませんが、たとえば砂漠ではお金より水のほうが価値があると言えばわかりやすいと思います。

たとえば数億円の取引につながる可能性のある商談に遅れそうという場合、タクシーを使ってでも時間を買ったほうがよい。逆に、仕事帰りでとくに急ぎの予定もないという場合、電車代節約と健康維持を兼ねて、最寄り駅から1駅手前で降りて歩いて帰る、など。

家に書棚が必要だというとき、家具店で買って業者に設置してもらうか、ホームセンターで材料を買ってきて自分でつくるか。

ほかにもっと重要なやるべきことがあれば既成品を買ってでも時間を捻出《ねんしゅつ》したほうがよいし、急ぎで重要性の高いタスクがなければ自分でつくって安く上げようという判断になる。

あるいは、仕事を多く抱えている状況での出張であれば、「集中できる環境」を買うため新幹線ではグリーン席に乗ることが合理的になる。

しかし出張からの帰り道、疲れて仕事をする気力もなく、ビールを飲みながら弁当でも食べよう、という場合は普通席で十分だし、「のぞみ」ではなく値段の安い「こだま」でもいい。

このように、時間のほうが重要な局面もあれば、お金のほうが重要な局面もある。つまり「いまの自分の時間の価値・お金の価値」は一定ではなく、状況に応じて変わるということです。

にもかかわらず、「お金がもったいないからタクシーは使わない」とか「新幹線はつねにグリーン車」という**硬直的な発想では、時に大切な時間を失い、時に大切なお金を失ってしまう**ということになりかねません。

「いまの自分の状況を考えたとき、お金を優先すべきか、それとも時間を優先すべきか」という2つの軸で冷静に考える必要があると思っています。

自分の時間を使ってお金を節約するのか、お金を使って時間を買うのか、そのどちらの判断が合理的なのかを考えることは、生活の全方位に影響し、自分の人生を決定づけることになるでしょう。

POINT

「お金か？　時間か？」は柔軟かつ冷静に考える

10 自分の可能性を広げることにお金を使う

第1章で「スマホ料金があなたのマネーリテラシーである」という話をしましたが、だからといっていますぐ買い換えればいいということではありません。

たとえば新しいスマホに買い換えたとして、では**それを買うことによって、自分はどういう進化・変革を遂げられるかを考えてみるのです。**

スマホに限らず、ただ便利になるから、ただおしゃれだからという理由だけではなく、自分の可能性を広げる出費かどうかを振り返ってみましょう。

最新スマホを買うと何が変わるか？

たとえば私の妻は、仕事のほとんどをスマホで完結させます。電話やメールはもちろん、スケジュール共有、写真を撮ってブログやＳＮＳにアップするといったマーケティング活動まで、すべてスマホ1台。

だから彼女にとっては、生産性を左右するスマホの性能は重要であり、処理速度が速く写真画像もきれいな最新型に買い換える意味は大きいと言えます。

あるいは、スマホの使い方の解説や商品レビューを商材として売っている人にとっても、新型スマホに買い換えることは、仕入行為であり必要経費です。それがのちに収益をもたらしてくれるからです。

一方、私は仕事もプライベートもほぼパソコンで完結しますから、新しいスマホに買い換えても、それで仕事や生活が何かバージョンアップするわけではありません。

新たな収益機会が得られるとか、コスト削減につながるとか、人脈が増えるとか、最新スマホでは何も起こらない。たとえば速度が上がり画面がキレイで電池の持ちがよくなるといった、使い勝手が快適になって自分が満足するだけです。だからそういったものには極力お金をかけないようにしています。

反対に、たとえば本を読むこと、旅をすることは、自分に新しい発見をもたらしてくれるから、そういうものには惜しまずお金を使う。家族の健康に貢献することや、子どもの成長につながることにもお金を惜しまない。

あるいは、のちに収入をもたらしてくれるもの、たとえば不動産や太陽光発電システムなどの資産運用にも資金を投下する。

もちろん、こういうお金の使い方を「味気ない」「そのほうがつまらない」と感じる人もいると思います。それはそれでよいのです。なぜならこれはあくまで私の場合であり、**自分が本当に満足するお金の使い方は人それぞれ**だからです。

いずれにせよ、**「その出費は自分の何を変革してくれるか、人生を前向きに切り開く力になるのかどうか？」をつねに問うことで、よりリターンの高いお金の使い方になる**と考えています。

POINT

「どんなリターンを得られるか？」を想像する

11 成功したければ一度は東京へ出るべき理由

もし自分が地方に住んでいるなら、私は「成功したければ一度は東京へ出るべきだ」と考えています。

リモート勤務が当たり前の時代になり、どこでも仕事をすることができるとはいえ、**東京の持つ「多様性」が、自分の才能や可能性に気づくきっかけになるから**です。

東京は私も含めて地方出身者の集まりでもあり、さらには外国人も多く、雑多な都市であるがゆえにいろいろな価値観を持った人がいます。そして、変わった人や一流の人に会えるチャンスも多い。

すると、「そんな考え方もあるんだ」「そんな生き方もあるんだ」「そんな稼ぎ方もあるんだ」と、自分とは異なる世界を知ることができます。それは自分の発想の幅、生き方の幅を広げてくれます。

田舎の価値観のままでは進化しない

一方、ずっと田舎にいるままだと、つきあう人も同じ、ご近所さんも同じで、多種多様な人種に触れる機会があまりない。

また、地元には地元の価値観や生活習慣が根づいており、基本的にそこから外れることは許されないでしょう。

すると、ほかの生き方があるなんて想像できないから、テレビやネットで情報を知れるとはいえ、自分とは無関係、違う世界の人々だとスルーしてしまう。

それに田舎では、「自分よりも圧倒的に優れた人」に出会う機会がめったにないので、成功に必要な努力量もわからないし、どういう努力が必要かもわからない。メディアの情報では結果しかわからず、その土台となっている地道な取り組みが見えない。

つまり、**ずっと田舎にいると、田舎の価値観のまま、進歩しない可能性がある**わけです。

膨大な職業機会とビジネスチャンス

また、企業はマーケットの大きな東京に集まりますから、当然ながら求人も東京に偏ります。そしてそこには膨大な種類の職業が存在する。

ということは、**仮にいまの職業が自分に合わないと思っても、転職などで自分の才能や特技を活かせる機会、あるいは発掘する機会に恵まれやすい**と言えます。

一方、地方では自分の才能を活かせる場はあるでしょうか。活躍できる職業はあるでしょうか。

求人も少なく職種も少ないとすれば、その限られたなかから選択せざるをえず、自分には合わないと思いつつ我慢して働かなければならないかもしれません。

私自身、高校卒業と同時に地元を離れ東京に来たおかげで「米国公認会計士」という資格の存在を知りました（当時はインターネットの黎明期で、ネット情報はほとんどありませんでした）。知らなければ目指すこともできなかったでしょう。

私の地元は町内にコンビニが1軒もないほどの過疎集落でしたから（いまは1軒あ

ります）、コンビニ本部への就職なども思いつかなかったかもしれません。

その後、転職した外資戦略系コンサルティングファームも東京にしかないファームでした。このような高度に知的な職業に就くことができたのも、東京にいたからです。

また、出版社も所在地はほとんどが東京です。もし地方にいれば、いまのように気軽に編集者に会うことはできなかったでしょうし、著者の出版記念パーティーに参加して新しい編集者との出会いを探すのも困難だったと思います。

つまり私の「ビジネス書作家」という仕事も、東京にいたからこそ成り立っている側面があります。


さらに、書店の蔵書の多さも挙げられます。

東京には大型書店がたくさんあり、田舎では目にすることのない本に巡り合える機会に恵まれています。

田舎の零細書店では、どうしてもベストセラー本やロングセラー本に限られてしまいますから、自分と異なる世界を知ることはなかなか難しい。

アマゾンなどネット書店でも買えるとはいえ、それは書名や著者名を知っていればのこと。いままで興味もなかったけど自分の感性にヒットするような本との偶然の出会いがあるのは、やはりリアル書店です。

私自身、起業のきっかけとなったのはある本との出会いであり、それはふと書店で手に取った本でした。

このように、**東京はチャンスの宝庫**なのです。

どこでも稼げる東京組

もちろん、地方で活躍している起業家や経営者もいます。私の知人友人にも、徳島県や福岡県で創業して上場した人、地元岡山で起業している同級生も何人かいます。ただし彼らの多くは、出張で頻繁に東京へやってきます。企業規模が大きくなればやはり東京の会社との取引が増え、それが新たな刺激となって彼らを成長させているのではないでしょうか。

あるいは、地方で起業する人のなかには東京からの移住組も少なくないのは、やはり東京で稼ぎ方やテクノロジーの活用方法をマスターしたからこそ、場所がどこであろうと活躍できているのではないかと思います。

なぜなら東京には、本当にさまざまなビジネスモデルの企業があり、「そうか、そういう仕掛けをすればいいんだ」「そういうアプローチの仕方があったのか」というアイデアを直接目にすることができるからです。

ネットのない時代には、物理的な環境の差はいまよりも大きかったでしょうし、いまはネットがあるから情報格差はないはずだという意見もあると思います。

しかしやはり、「百聞は一見にしかず」です。リアルに目の前に存在し、直接触れられるという違いは非常に大きい。

それに前述のとおり、知らなければ検索窓に打ち込むキーワードすら思い浮かばないわけですから。

移動距離が長い人は収入も高い

国土が広大なアメリカでは、移動することは「何かを成し遂げようとする意志の現れ」だとされています。

実際、移動距離と収入には相関関係があり、移動距離が長い人は収入も高いそうです（ネット起業家やオンライントレーダーは別ですが）。

確かにアメリカは、土地の広さ、転職市場の分厚さ、学校区による学力格差が大きいなど、日本よりも移動する理由が多いという違いはあるものの、「意志」が「移動」という動機になるのは日本でも同じではないでしょうか。

私のまわりの成功者でも地方出身者は少なくありません。特別に「一旗揚げよう」などというほどの野心はなかったとしても、「実家を出て単身で上京する」という行為は、向上心や好奇心が強いゆえではないでしょうか。

親元から離れ、自分の生活は自分で成り立たせる経済的自立、親や地元の価値観から離れて自分の生き方を自分で選ぶ精神的自立。これは、成功への土台となる「人間としての成熟」の一要素であると私は考えています。

だから、**自分や自分の子の可能性を広げるために、学生時代だけでもいいので東京で暮らす。あるいは社会人の数年間を東京で働くのは、必ずプラスの経験になる**と思います。

これは田舎や地方がダメということではなく、**成功するためには発想の幅、ひいては人間としての幅を広げる必要があり、それには多様性という環境のなかに身を置くことが近道だ**、ということです。

もし東京や東京近郊生まれであれば、ニューヨークやロンドンに留学する、あるいは海外で就職するという方法もあります。

だから私も自分の子が高校を卒業したら家から出てもらうつもりですし、早くからそう吹き込んでいます。

POINT

価値観が大きく変わる大都市で暮らしてみる

12 インフレ経済圏で稼ぎ デフレ経済圏で使う

昨今の政治を見るにつけ、日本の未来は暗いなと感じます。政治家は政策よりも政局と選挙のほうばかりを見ており、どうすれば国力が維持できるか、国民が豊かになるかには関心がないように映るからです。

そんな国家の未来とは切り離し、自分の未来を明るくする方法のひとつが、**インフレ経済圏で稼ぎ、デフレ経済圏で消費をする**という発想です。

インフレ経済圏とはまさしく需要が伸びていて、そこで働く人たちの賃上げが行われている領域です。あるいは深刻な人手不足に陥っている業種業界・ポジションもそうでしょう。

ただし介護業界のように人手不足は深刻なものの、お上が決めた介護保険制度によって支払われる報酬に限界がある業界などは除きます。

あるいは円安を有効活用し外貨を稼ぐという方法もあります。

たとえば最近増えているのが海外への出稼ぎや、海外のＩＴ企業から受託するリモートワーク副業で、基本的には現地の通貨で支払われます。とくに欧米のインフレは日本以上でパートなどの時給も非常に高くなっていますから、仮に時給20ドルだとしても、円に換えれば時給３０００円です（１ドル１５０円で換算）。

英語ができなくてもやりとりはメールなので翻訳ツールを使えばいいから問題ない。もちろん多くがＩＴ案件ですから、それなりにスキルや技術が必要ではあります。

デフレ経済圏を探せ

先ほど、インフレ経済圏で稼ぎ、デフレ経済圏で消費をしようと書きましたが、この**物価高の時代でもデフレ経済圏は存在する**ものです。

インフレで経営が苦しくなっても、「値段を上げたくない」「よいものを安く、が最上のポリシー」「そんなに儲けは重要じゃない」という商売人はいますから、探せばどこかに必ず安く買える場所があります。

たとえば、商店街にある家族経営の惣菜店や定食屋などは狙い目です。こういう店は、「基本的に家族経営なので人件費があまりかからない」「自宅兼店舗で住宅ローンも完済しているので家賃がかからない」「企業とは違い間接部門の経費がかからない」「経営者も高齢となり利益追求をしていない」という特徴があります。

なので薄利でも（値段を安くしても）いいという事業者もいるわけです。

あるいは飲食店でも、たとえば豊洲市場で売れ残った海産物ばかりを安く仕入れて安く出す店などがあり、ランチも激安です。

ほかにも私の自宅の近くに最近オープンしたローカルスーパーでは、キズがあったり形が不揃《ふぞろ》いな野菜を安く売っています。先日もレタス１箱（10個以上入っている）が１００円で売っていました。

店内は乱雑しているとか支払いは現金のみとか、あるいはチラシ類を一切つくらないなど経費を削減して安さに還元しているようです。

こういったデフレ経済圏を形成している人たちは、広告などを出すこともないのでなかなか知られませんから、私たちの情報収集能力の差が出ることになります。

一方でネットの世界ならかんたんに探せます。

そのひとつが最近勢力を伸ばしている米イーベイが運営するQoo10や、中華系のTemu、AliExpress、女性向けファッションのSHEINです。

衣料品はユニクロやGUなどよりも安いものがありますし、雑貨や消耗品も100円ショップより安いものもあります。

品質や機能を重視すべきものと、そうでないものとを区別して使い分ければ、満足度の高い支出になるのではないでしょうか。

POINT

「自分の未来」を明るく切り開く発想を持つ

第3章

お金が逃げていく「行動パターン」

13 「長財布」に変えるとお金が貯まる⁉

「お金持ち＝長財布」理論の本質

「お金持ちは長財布を使う」という話を聞いたことがあるでしょうか。

お札の向きがキレイにそろえられ、余計なレシートやポイントカードの類も入っていない、スッキリした財布を持っている人は、お金の扱いがていねいで、お金が集まりやすい……という話には、「なるほど」と感じます。

ただ、ちょっと注意が必要です。なぜかというと、ここには2つの「誤解」が潜んでいる可能性があるからです。

1つは、物事の本質を理解しきれていないことが挙げられます。「お金持ち＝長財布」

理論の本質とは、「お金の出入りをしっかり管理しているかどうかが、財布の整理という細かいところに出る」ということであり、その逆ではない。つまり形を整えることが主目的ではないからです。

確かにスポーツや芸術のように、一流の道具を持つことでやる気になることはありますが、お金の管理とはモチベーションに依存するような性格のものではなく、日々の習慣です。つまり、**お金の出入りのマネジメントの問題です。**

財布を替えたり財布のなかをキレイにしたりしたところで、入ってくるお金は増えるのか。ムダな出費が減るのか。財布そのものよりも「日々の消費行動」を変えなければ、お金の残高には影響しないはずです。

それならば、**いま持っている財布でも始められる**ことです。

他人の意見を鵜呑みにするとお金を失うだけ

もう1つは、他人の意見に左右されやすいことです。専門家の言うことだから正しい、本やテレビで言っていることだから正しい、お金持ちがやっていることだから信用できるなどと、鵜呑みにしてしまう傾向が見て取れます。

　専門家もメディアも、必ずしも正しいことを言うとは限りませんし、データだって捏造《ねつぞう》されることがあるのはご承知のとおりです。

　トレンドも常識も、仕掛けている人がいます。それは利益のためです。メディアも視聴率や販売部数が取れなければなりません。だから買ってもらう・観てもらう・クリックしてもらう仕掛けにあふれています。

　もちろんそれが本人にとって有益であればいいのですが、流されてただお金を失うだけになってしまわないよう、注意が必要です。

POINT

「他人の意見」に左右されずに「本質」をつかむ

14 納得性の高いお金の使い方には想像力が必要

「教養としてのお金の使い方」とは、想像力を働かせること。それは物事を構造化して考えること、因果関係を予測することです。

家にある「ビニール傘」の本数で想像力がわかる

たとえば私の家にはビニール傘が3本以上あります。当然ながら、そんなに必要ありません。いつもビニール傘を買ってくるのは、実は私の妻です。ではなぜそうなるのでしょうか。

彼女は天気予報も見ないし空の様子も見ない。出かけるときに雨が降っていなければ傘を持っていかないので、外出先で雨が降ったら、すぐにコンビニやドラッグストアで買う。これを繰り返すために、わが家にはビニール傘があふれているのです。

一度や二度は「急に雨に降られて」ということもあるでしょう。とくに夏場は予測できないゲリラ豪雨が増えていますし、天気予報が外れることもあるからです。

それに、傘を持っていくのも邪魔だし、ビニール傘なら1本300円とかで安いから、そのほうがラクだし使い捨てで十分、と「あえてそうしている」という判断もあるかもしれません。

しかし、天気予報を見る、傘を持っていくなどの準備をしない、あるいは折り畳み傘などの予備も持たない、ゆえにコンビニで慌てて買うのがいつもだとしたら、未来を想像したり予測したりが苦手であることを表しています。

これはビニール傘に限らず、ほかのいろいろな側面でも同じことが言えます。

私たちは、想像力を駆使しながら生活しています。たとえば「今日は土曜日だからたぶん道路が混んでいるだろう。朝のうちに買い物に行ってしまおう」と予定を立てるのも想像の結果です。25日は銀行のATMは混んでいるだろうから、少しずらして銀行に行こうと考えるのもそうですね。

しかしそれができずに、いつも行き当たりばったりになっている人もいます。

想像して先を見通す力が弱ければ、人生そのものも行き当たりばったりになり、段取りの悪い生き方になりかねません。

もちろん、あらゆることに対して先を読むことはできません。たとえば株価や為替を正確に予測することは難しいでしょうし、自分の興味のないこと、自分に影響のないこともイメージできないでしょう。

しかし、自分が能動的に関わる世界、たとえば仕事や家庭生活などはある程度予測可能なはずです。先を読めれば対策が立てられるし、不利な状況を回避できる方法も思いつきます。こうした**予測する意志こそが、自分の未来を積極的につくっていく**ことだと私は考えています。

いみじくもパーソナルコンピューターの父、アラン・ケイが、「未来を予測する最善の方法は、自らそれを創りだすことである」と言ったように。

POINT

「行き当たりばったり」ではなく「予測」する

15 家計簿をつけてもお金が貯まらない理由

「家計簿は貧乏になるツール」と言われて、信じられるでしょうか。しかし現実には、家計簿をつけている人ほどお金がなく、貯めている人ほど無頓着な傾向があります。

それは、「お金がたっぷりあるから家計簿をつける必要がないだけ」という単純な理由ではありません。家計簿をつけてもお金が貯まらない人に欠けているのは、つぎの3つの力です。

①欲求をコントロールする力

自分が何にお金を使っているかすべて洗い出し、いったん「家計の見える化」をするのは、一定の効果はあるでしょう。

しかし、毎月家計簿をつけているにもかかわらず、毎月のように「今月は使いすぎた」「無駄な出費をしていた」と気がつく人は、欲求をコントロールできていないということです。

家計簿を見なければその出費が必要か不要かが判断できないのだとしたら、よく考えずに買い物をしているということ。

そこで、買い物をするときは、いったん立ち止まって、「この出費は、本当に必要か？」「もっと安くて同じ効用を得られるものはないか？」「値段以上に使いこなせるか？」「自分の将来に有効に作用するか？」を考える習慣をつけることです。

②収支を俯瞰・把握する力

たとえば結婚して間もない家庭など、月間・年間でどのような出費項目があるか、その金額はどのくらいかなどの全体像を把握していない人にとっては家計簿をつける意味があるでしょう。

しかし、同じ環境でしばらく暮らしていれば、毎月どういう経費がかかっているか、いくらまで使って大丈夫か、どのあたりで危険信号か、などといったことはわかってくるものです。

たとえば、今月はかなりエアコンを使ったから、来月の電気代はこのくらいの金額になりそうだ、という体感イメージを持っている人も多いでしょう。

このイメージがあると「予測力」「全体を見る力」として、家計簿をつけなくても家計の収支全体が把握できるようになります。

もし家計簿をつけなければ収支が把握できない、貯金できないとしたら、仕事でも予測力や俯瞰力が乏しい可能性があり、結果として本業での収入に跳ね返ってくるかもしれません。

③タイムマネジメント力

日々家計簿をつけたところで、当たり前ですが、使えるお金が増えるわけではありません。「家計簿を1年間つけたら100万円もらえる」のであれば、喜んでつけるでしょう。

しかし、手取りが月30万円と決まっているなら、その管理にいくら時間と労力をつぎ込んだとしても、使えるお金は30万円です。

家計簿をつけると、それだけ自分の時間が奪われます。でも、お金は増えない。むしろ市販の家計簿を買った分、お金が減るだけです。

もちろん、家計簿が自分が納得できる方法であるとか、支出が見えて安心感が得られるという人もいるでしょう。

ですから、「家計簿をつけることは無意味」ということではなく、「自分はいったい何に時間を使うことが、もっともパフォーマンスが高くなるのか？」を考えましょうということです。

POINT
「家計の見える化」以外にも大切なことがある

16 コンビニによく立ち寄る人はお金が貯まりにくい

消費者の購買心理をくすぐる仕掛けが満載

ついコンビニに寄ってはいろいろ買ってしまう。とくに欲しいものはなくてもとりあえずコンビニに寄るのが習慣になっている。そういう人は、お金が貯まりにくい体質かもしれません。目的もなく衝動買いをしやすい人の行動パターンだからです。

コンビニでは毎週のように新商品が発売されますから、「あっ、新しい商品が出てる」「これ食べてみたい」などと必要でないものも気軽に買ってしまいがちです。

これは消費者側の問題だけではありません。私もコンビニ本部で働いていたことがあるのですが、本部社員も店舗スタッフも、とにかく売上を上げるべく全力で知恵を絞ります。**店舗レイアウトやショーケース、商品の配置や陳列量や販促物など、来店**

客の購買心理をくすぐる仕掛けが満載なのです。

レジ前にある中華まんやファストフード類を買ったこともあるでしょう。おにぎりとお茶をセットで買えば「○○円引き」といったキャンペーンもよく行われています。これらも客単価を上げる工夫です。

こうして、買う予定になかったものも「欲しい」という衝動をかき立てられ、買わなくても別に困らない商品までも買ってしまう。

「何かないかな」という期待でコンビニに来ているので、買い物に対するブレーキが利きにくく、お金が貯まりにくいというわけです。

これはコンビニに限らず、100円ショップでも同じです。「100円だからいいや」とあまり考えずに必要でないものもつい買ってしまいがち。なので、ふらっと100円ショップに行く機会が多い人も要注意です。

マーケターになったつもりでコンビニに行く

反対に、**お金が貯まる人は用がなければコンビニには行きません**。行くときは買うものが決まっていて、目的のものを買ったらもはやその場にいる必要はないので、さっさと帰ります。だから店頭で「あっ、これも買おうかな」というついで買いや衝動買いも少ない。余計なものにお金を使うことがありません。

そうやって冷静さを保つためのひとつの方法は、「**マーケターになったつもりでコンビニに行く**」というものです。

「最近こういう商品が多いけれど、流行なのかもしれない」「メーカーはこのトレンドをつくりたいのかな」「この商品はこういうニーズに応えたものかもしれない」などと、消費者目線からずらしてマーケター目線で分析するように棚を眺めることです。

そうやって供給サイドの狙いを読み取ろうという姿勢が、賢い買い物につながるひとつの視点でもあります。

POINT

「売り手の狙い」を見抜く視点を鍛える

17 なぜ、家には使わないモノがあふれているのか？

「使いこなしている姿」をイメージする

洋服ダンスやクローゼットのなかを見たとき、ワンシーズン一度も着ていない服は何着あるか。下駄箱を開けてみたとき、1年以上はいていない靴は何足あるか。押入れにしまいっぱなしの食器や雑貨類は、どのくらいあるか。一度使っただけでしまっている健康器具・調理器具・オーディオ機器などは、どのくらいあるか……。

なぜ使っていないモノであふれてしまうかというと、「自分がそれを使いこなしている姿をイメージして」買い物をしていないからです。いわゆる衝動買いの典型的なパターンです。

本来は、「欲しい→本当に必要か・使いこなせるか考える→値段相応か考える→財布を開く」という順序で購買行動をとるはず。

しかし、間にある「考える」をショートカットし、「欲しい→財布を開く」という購買行動をとってしまう。

「かわいい」「安い」「お得」「いま買わないとなくなる」「ついでに」という理由で買うと、使い倒すことができず、収納の肥やしになってしまいがちです。

つまりこれも想像力の欠如が招く状況です。

富裕層の家にモノが少ない理由

もうひとつの理由として、メンタルの問題が挙げられます。

たとえば富裕層の家にはモノが少なく、整然としています。その理由は収納スペースが多いからではなく、**あまりモノを買わないし不要品はすぐに処分するという決断力があるから**です。

しかし貧しい人ほどモノを捨てられません。その理由を、知人の精神科医からつぎのように聞いたことがあります。

「モノをたくさん買い、家のなかにモノがあふれている人は、『モノがある』という状態が心の支えになっている。

こういう人は自分に自信がなく、自分のモノを失うことを極度に恐れるため、リスクをとってチャレンジすることを避ける傾向もある。

モノを捨てられない人は、モノに執着していて、先行投資をしたがらない、人に与えることができないといった傾向もある。

新商品を買っては収納の肥やしにする人は、熱しやすく冷めやすい、広告に踊らされやすいということであり、自分の頭で考える力や忍耐力に欠けているということ。こういう人は、行き当たりばったりで段取りの悪い人生を送っている場合が多い」

これはお金に関しても同じことが当てはまりそうです。

つまり、「貯金がある」という状態が心の支えとなるため、貯まったお金を手放せない。お金に執着するあまり、貯金を取り崩して未知のことに挑戦するとか自分に投資をするとか、他人に振る舞うといったことを避ける傾向がある。

反対にお金が貯まる人は、この逆をやるということでしょう。

自分の家にモノがあふれているかどうかで、その人のお金や人生に対するスタンスまでもが見えてくるのはちょっとおもしろいですね。

POINT

モノやお金に執着すると新たな挑戦ができない

18 ブランドの価値を見極める

ブランドがブランドである理由

ブランドショップは、なぜ家賃が高い都心部の一等地に店舗を構えることができるのか、なぜあんなに広告を打つことができるのか、なぜ高額なギャラのタレントを使うことができるのか……。

当然ですが、商品を売った利益からその費用を捻出しています。つまり私たちは、その利益分を余計に支払ってその商品を買っているわけです。

多くの人がブランド商品に憧れ、高いお金を払って購入しますが、自分がいったいどんな価値にお金を払っているのかを理解し、それでも「いい商品だから」と購入しているなら問題ありません。

なかには友人が持っているとうらやましいと感じて「自分も負けじ」と購入する人や、周囲の「すごーい！」「かわいいー！」という反応が心地よくて、などという見栄で購入する人もいるかもしれません。

もちろんよい商品が多いのも事実で、それがブランドである理由でもあります。

しかしそのブランドのタグが付いているだけでありがたいかというと、必ずしもそうではないことに敏感になる必要があります。

たとえばブランド化粧品。商品にもよりますが、一般的な化粧品の中身の原価は、定価の1割以下です。1万円の化粧水も、原価は1000円もしないもの。製造が委託されている工場が同じでラベルと値段だけが違うこともあります。

ではなぜ1万円になるかというと、もちろん豪華な容器・包装にもお金がかかりますが、それ以上に家賃や広告宣伝などの間接的な経費がかかっているからです。

通常は、**ブランドかどうかに関係なく自分で判断して購入し、不満や満足などの経験を経て学習し、商品の選択眼が磨かれていきます。**

もちろんブランド商品に意味がないわけではなく、シビアに選別した結果としてブランド商品だったということもあるでしょう。

しかし、「ブランド品だからいいものであるはずだ」「このブランドを買っておけば外れはない」などと、自らの価値判断を放棄する人もいます。

自分で考え判断するよりも、とりあえず評価が固まっているブランド品を好む人も少なくないのです。

ブランドに無頓着な富裕層

最近の若い富裕層には、ブランド品に興味がない人が少なくありません。ゆえにユニクロなどファストファッションを好む人は多く、見た目だけでは富裕層だとわかりません。

何人かにその理由を聞いてみたところ、大きく3つの理由があるようです。

まず、**彼らにとってファッションは勝負するところではないため、そこにお金をかける必要がない**と考えています。

彼らにとって重要なのは、本業でパフォーマンスを高め成果を出すこと。しかしスーツでは動きにくいし夏は暑い。営業職など社外の人と頻繁に会う職種でなければ、成果とは関係がないから着ない人も多い。だからTシャツにジーパンなどといった軽装を好む傾向があります。

つぎに、**彼らは他人からどう思われるかをあまり気にしない**点が挙げられます。カッコよく思われたいとか、こんな格好では恥ずかしいといった感覚が希薄です。自分に自信を持っているので、服装で見栄を張る必要がないのです。

もちろん自分のブランドイメージのために、あえて見た目にお金をかけている人もいます。しかしそういう人たちの多くは、自分が勝負すべき土俵ではお金をかけ、そうでない土俵では徹底的に省力化するという峻別《しゅんべつ》がついているものです。

私の知人の起業コンサルタントは、SNSにアップする写真は高級服で身を包んでいますが、普段はヨレヨレのシャツとジーンズだと言っていました。

最後に、**どんな服を着るか選ぶ時間も新しい服を買いに行く時間ももったいないし、その判断が無駄だ**という人もいます。

たとえばアップルの共同創業者、故スティーブ・ジョブズ氏はつねに黒のタートルネックにジーンズ、足下はスニーカーというスタイルを貫いていたことで有名です。

また、メタ（フェイスブック）のCEOマーク・ザッカーバーグ氏は、フェイスブックの公開Q&Aセッションにて投げかけられた「なぜあなたは毎日同じシャツを着るのか？」という質問に対し、以下のように答えていました。

「僕は**社会への貢献に関係しない決断はできるだけしない**ようにしている。これは多くの心理学的な理論に基づいていることで、何を食べるか、何を着るかなどのたとえ小さな決断でも、繰り返し行っているとエネルギーを消費してしまうんだ。

日々の生活の小さな物事にエネルギーを注いでしまうと、僕は自分の仕事をしていないように感じてしまう。最高のサービスを提供して、10億人以上もの人々を繋げることこそ、僕のすべきことなんだ。ちょっとおかしく聞こえるかもしれないけど、それがぼくの理由だよ」

そういえばオバマ元アメリカ大統領も、「私はつねにグレーか青色のスーツを着用している。こうすることで私が下さなければならない**決断の数が減る**んだ。何を食べるか、何を着るか決める余裕はないし、ほかに決断しなくてはならないことが山のようにあるからね」

と言っていました。

彼らが口をそろえる「決断の数を減らす」という言葉。

小さな決断でもその数を重ねることでエネルギーを消耗し、より大きく重要な決断の精度が落ちてしまうのでしょう。

つまり**決断の数を徹底的に減らし、シンプルに生きる**こと。それによって自分がやるべきことに集中することができ、目的の達成に近づくということでしょう。

ここでは「服装」を例として挙げましたが、これがほかの全方位にわたって徹底しているのがいまの富裕層です。

POINT

自分で判断し購入する経験が「選択眼」を磨く

19 自分の幸福につながるモノについて考える

記憶に残っている「買ってよかったモノ」は、自分の満足度が高い買い物ができたということです。そのモノが内包する要素、つまりどういう点があったから満足度が高いのかを抽出すれば、ひいては自分の人生の幸福に寄与するモノは何かを探ることができます。

逆に、「買って後悔したモノ」は、自分の買い方や選び方、その判断基準が適切ではなかった可能性があり、その要素を内包するモノは自分の幸福には寄与しないと考えることができます。その反省を活かすならば、将来も後悔しにくい判断ができるようになる期待があります。

そこで、ご参考までに、私の場合のベスト・ワーストをご紹介します。

買ってよかったモノベスト3

1位：マイホーム（賃貸併用住宅）

マイホームを買う際、1階を自宅にし、2階と3階を賃貸にしています。その賃貸部分の家賃収入が住宅ローンの返済額を上回っているおかげで、住居費はタダ同然というよりプラスの収入になっています。さらに、屋根には太陽光発電パネルを設置し売電しており、年間40万円の収入があります。

注文住宅として設計し、間取りや内外装デザイン、設備なども自分たちの好みを取り入れています。

妻がリビングでリトミック教室をするため、天井材に吸音材を張り、照明も天井埋め込み型のダウンライトを12個設置しました。大画面モニターも設置しています。

敷地内に駐車場もあり駐車場代は無料。使い勝手もよく、大変満足度が高いです。

駅から徒歩5分なので電車での外出も気楽なうえ、入居者の募集にも有利です。

とくに気に入っているのが床暖房です。ガス給湯式なのですぐに暖かくなり、部屋全体も暖かくなるので冬はエアコン不要で乾燥も心配ありません。冬はもう床暖房なしではいられないほど快適で、これからマイホームを持つ人にはおすすめの設備です。

2位：ミニバン

これはすでに持っている人にはいまさらだと思いますが、私の場合、子どもがいない生活が長かったことと、以前は都心に住んでいて車が不要だったことから、余計にミニバンの利便性を実感しています。

とくに子どもがいると、車内が広いため、車のなかで着替えたり、眠くなっても横になって寝たりすることができます。また、ベビーカーをたたまずに積めたり、旅行の際も大量の荷物をためらいなく積めたりするのもありがたい。

また、スライドドアなので隣の車両へのドアパンチや後ろからの追突といった事故のリスクが低いのはメリットですし、ドアハンドルに手が届く年齢になれば一人で乗り降りできます。

運転は時間もかかるし疲れるのはありますが、先進運転支援システムのおかげで高速道路では半自動運転ですから、かつてほどの疲労はありません。さらに時間を気にしなくていいので、子どもたちの経験のための行動範囲が大きく広がりました。

3位：家事代行サービス

部屋が散らかっていると、イライラしたり夫婦ゲンカのタネになることもありました。しかし家事はいくらやっても1円にもなりませんし、時間と体力を消耗します。

そこでわが家では家事代行に頼んで家の中の掃除・片づけを外注しています。

自分たちの限られた時間を家事に費やすより、仕事に費やした方がメリットが大きいだろう。家事に労力をかけるより、その体力を温存し、夕方に小学校と保育園から帰ってくる子どもたちと遊ぶほうが重要だろう、という判断です。

掃除も片づけも外注できるという安心感があるから、妻や子どもたちが部屋を散らかしても、イライラしたり叱ったりすることもなく、鷹揚に構えていられるというものです。

おかげで夫婦ゲンカも減り、その時間と労力を仕事や子育てなど別のことに充てることができるゆとりも生まれました。

つまり私の場合、「収益・コスト的にメリットがあること」「快適に過ごせること」「家族と有意義な時間が過ごせること」で高い満足度を感じる傾向にあります。

買って後悔したモノワースト3

1位：ナノバブルシャワーヘッド

水道の節約ためのナノバブルシャワーヘッドを買ったのですが、現状のシャワーは、ホースとヘッド一体型のヘッドを外せない仕様で、取り付けられなかったのです。同じメーカーのホースを買ったのですが、取り付け口のサイズが合わない……。結局「調べることを怠った」私の不注意です。メルカリで売ろうと思います。

2位：加湿器

以前、賃貸マンションに住んでいたころ、冬場の乾燥が気になり、加湿器を買いました。しかしサッシの結露がすごくて、すぐにカビが増殖しました（サッシの機能にもよるのでしょう）。健康にもよくないので使うのをやめました。

その後、自宅を建てる際に床暖房を入れたため、ほとんど使うことなくリサイクルショップ行きとなりました。

3位：格安デジタルガジェット

Temuや Qoo10など激安通販サイトで買ったデジタルガジェット類です。

モバイルバッテリーはすぐに壊れました。充電できないとか、USBタイプCだけに給電できないとか。USBケーブルもUSBハブも耐久性が非常に弱く、1週間も経たずに折れたり部品が外れたりして使えなくなりました。

つまり私の場合、あまり調べずに安易に買ってしまったり、値段の安さを優先して「安かろう悪かろう」という買い物になりやすい傾向があります。

そこで現在は、性能や品質が重要なもの、長く使うものは、格安品ではなく定評あるメーカーのものを買うようにしています。

とくに後悔を振り返ることは重要だと思っており、**どういう判断基準による出費が後悔につながったのか、自分の傾向を知れば、つぎから防ぐことにつながります。**

POINT

買って「よかったもの」「後悔したもの」を振り返る

第4章

「自己投資」で未来を変える

20 「自分」こそ最強の投資先である

「知能」とは何か。ここで言う「知能」とは、いわゆる知能テストで計るようなものではありません。認知・記憶・予測・判断をはじめ、仮説を組み立てる力、人生設計やリスクへの備えなどを含む、人間の知的活動を営む土台となる能力のことです。

そして有効なお金の使い方のひとつとして、知能が高い人間が選ぶものこそが自己投資ではないでしょうか。

とくに20代は資産運用などは不要で、自分の能力と信用力の向上にフルベットするほうが、生涯リターンが最も大きいと私は思います（例外はiDeCoで、これはメリットしかないため、20代から自分の最大枠を使って投資信託の積立をやるのはいいと思います）。

これには3つの理由があります。

自分への投資が数億円のリターンを生む

1つめは、**自分への投資が最も利回りが高くなる可能性が高い**からです。

たとえば一般的な大卒会社員の生涯年収は2・5億〜3億円と言われており、自己投資によって生涯年収が5億円になったとすれば、その投資は2億円以上のリターンをもたらしてくれたことになります。

たとえば私の場合、大学や公認会計士の勉強にかけた学費はたいしたリターンを生まなかったものの、**読書は確実にリターンとなっている**と感じています。

私が20代〜30代のころは、毎月20冊以上の本（ビジネス書、実務書、経済誌や専門誌など）を読んでいて、仮に月3万円の出費を20年間続けたとして投資額は720万円くらいでしょうか。

ほかにも起業の前後では有料セミナーや勉強会などへの参加もありましたから、総投資額は1000万円ぐらいかかっているかもしれません。

私が大学を卒業したときは、どこにも就職できずフリーターで年収は200万円ほどだったと思いますが、就職して年収400万円、転職して600万円、さらに転職して1200万円となり、起業してからは手取りで年3000万円前後を推移しています（自営業の場合は経費や節税対策があり年収という言い方は正確ではないため）。

もちろん新規事業などへの投資（による経験の蓄積）や、人との出会いなどへの投資も一種の自己投資とも言えるので、読書のおかげだけではありません。

しかし、就業時間の前後や休日など、仕事以外の自分の自由な時間を費やして自己投資した、と私が自信を持って言えるのは、やはり読書です。

だからというと生存者バイアスかもしれないなという多少の自覚はあるものの、ゆえに私は読書の効能には絶対的な信頼を置いています。

私の場合は自営業で生涯現役なので、生涯年収と言うにはまだ途中ですが、すでに実質的な累計収入では5億円を超えています。

そう考えると**1冊1500円程度の書籍への投資が、平均的な社会人の生涯年収を2億円以上上回るリターンを生んでいるとするなら、これほど確実かつ有益な投資はほかにない**でしょう。

「仕事の実力」がつくと自信が強くなる

2つめは、自己投資によって**仕事の実力がつくことは自分への自信となり、それは自己有能感や人生の満足感につながる**からです。

たとえば先ほどの読書をすれば生涯年収が上がるという話も、「そんなにうまくいかないよ」という反応をする人がいると思いますが、そういう思考パターンであるがゆえにうまくいかないわけです。

「現実はそううまくいかない」とやらずしてあきらめる思考パターンを脱却し、「ではどうすればうまくいくか」という思考パターンに変えていくのが、ここでいう「仕事の実力がつく」ということです。

仕事の実力がつく過程で、どのような困難な状況に直面しても打開策を模索し挑戦する姿勢が培われます。すると「人生は自分次第でなんとでもなる」という楽観的な発想になる。

こうなるともう「人生楽勝」となり、「政治が悪い」「会社が悪い」などという他責の発想とも無縁になるのです。

投資に回す余力を拡大できる

3つめは、**投資に回す余力を拡大できるから**です。

そもそも、投資をするには元手が必要であり、自分の実力を高めなければ収入が上がらないですから、投資に回すお金も限られます。

たとえば毎月3万円を投資できる人が、40年間積立投資を続けると元本の累計は1440万円になるのに対し、毎月20万円の投資余力がある人なら、40年続けると約1億円になりますから、どちらが有利かは明白でしょう。

また、仕事ができて周囲からの信用を得ていれば、定年退職後もかつての取引先や同僚などから「手伝ってくれない?」などと誘われる可能性もあり、働き続けられる期間も長くなる期待があります。

さらに、高年収であれば給与から天引きされる社会保険料の金額も上がりますが、その反面、老後に受け取れる厚生年金も手厚くなり、二段構えで安心です。

つまり、**現役時代の高年収は、投資にも老後の生活にも有利に働く**のです（ただし子育て・教育に関する補助金や助成金の多くは所得制限があり、高所得だと引っかかるという不公平が生じていたのですが、これも早晩解消される見込みです）。

ゆえに**20代から30代前半は収入のすべてを自分の成長のために使い切るぐらいでちょうどよい、**というのが私の考えです。

そうやって自分の実力を高め仕事に自信が持てるようになったころ、結婚・出産を通じて家族構成が変化すれば、「老後のため」「家族のため」という判断軸が浮上してきます。それから投資を始めても十分キャッチアップできるでしょう。

POINT

若いうちは資産運用よりも自分にフルベットする

21「本との出会い」は人生を大きく変える

私はよく、「人間の幅を広げるものは3つある。人と会うこと。本を読むこと。旅をすることだ」と主張しています。これらは私の成長に大きく貢献してくれたと実感しているからです。

そこで本章では、私の人生を変えてくれたこれらの経験をご紹介します。また、充実した人生をつくるために私自身が取り組んでいることもご紹介します。

起業も投資もきっかけは本だった

経験したことのある人も少なくないと思いますが、私の人生を大きく変革するきっかけをくれたものに「本」があります。

明確に記憶している最初の本は、『社長失格』（板倉雄一郎、日経BP社）です。この本は、バブルの時期にＩＴ企業を立ち上げ、上場寸前まで行きながらも倒産したという栄枯盛衰の体験談ですが、当時サラリーマンだった私には衝撃的でした。

この本との出会いによって、私の職業の選択肢に「起業」が加わりました。社会に出てから、会計事務所、コンビニエンスストア本部、外資コンサルと転職してきましたが、サラリーマンとしてどこかに雇用されて生きるのが当たり前で、そのことに何の疑問も抱いていませんでした。

そんなとき、本書によって起業の醍醐味を教えられ、つぎの自分のキャリアは起業ではないかと思うようになったのです。

それ以来、たくさんの起業本を読み漁り、起業に対してポジティブなマインドセットが醸成されました。

しかしそうなると、サラリーマンとしての生き方がなんだか味気ないと感じるようになってきたのです。

当時の仕事は経営コンサルタント。助言や問題解決の提案がおもな仕事ですから、自分で何かをやるわけではありません。

もちろんプロジェクトによっては実行支援まで踏み込むものもありましたが、それでも決断も実行もリスクを負うのもクライアントです。

知的好奇心は刺激されるものの、「自分が動いている感」が乏しく、何か物足りない。

そして同時に、朝9時から深夜3時まで土日もなく毎日仕事漬けという生活にも、少し疲れてきた……。

とはいえ、何をやりたいかが決まっていないので起業できるはずもなく、収入が途絶えるため会社を辞めるわけにもいかない。

そうして悶々としているなかでつぎの方向性を変えるきっかけになったのは、やはり本との出会いでした。それは、多くの人が魅了されたであろう「金持ち父さんシリーズ」の『金持ち父さんの若くして豊かに引退する方法』（ロバート・キヨサキ、筑摩書房）です。

私はそれまで投資経験はまったくなく、株式投資や不動産投資などは自分には縁がないものとして、考えたことすらありませんでした。

しかしこの本によって、「不労所得があれば、起業してうまくいかなくても生活はできる」と新たな気づきを得て、「投資をしてみよう」と思い立ちました。

そこからまたたくさんの投資本を読み漁り、私の投資家としての第一歩が始まったのです。

さらに、私がビジネス書作家として書籍を量産できるようになったのも本のおかげです。『世界が完全に思考停止する前に』（森達也、角川書店）という本との出会いによって、情報や事象を多面的にとらえることができるようになりました。

その結果、40冊以上の書籍を書けるようになり、私にもたらしてくれた印税は累計1億円以上になっています。

もちろんこの1冊だけではなく、ほかの本からもたくさんの影響を受けていますが、読書が私の情報編集力の向上（及びそのきっかけづくり）に役立ったのは間違いありません。

本を読まない人間に未来はない

本との出会いは、自分が知らない世界との出会いです。従来の自分が持っていない考え方を取り入れ、進化させようと思ったとき、本を読まずしてどうやって実現できるのか。それがこんなに安価で手軽にできる方法は、読書以外に思い浮かびません。

そもそも、これまでの自分の判断の積み重ねがいまの自分をつくっているわけです。ということは、その判断を支える自分の考え方を変えることが、未来の自分の人生を変えることになります。


いままでは「そんなのハイリスク」と思っていた自分を、「リスクを取って挑戦しよう」という判断に変える。「そんなのムリ」と思っていた自分を「やってみる価値はある」という判断に変える。「ありえない」と思っていた自分を「そういうのもアリかも」という判断に変えていく。

それはやはり、本（各種文献を含む）を読むとか、セミナーや勉強会に参加してこそ得られると私は考え、実際にそうやってきました。

だから私はいまでも、**「本を読む人間こそが、成長への切符を手にする」**と考えています。


「図書館で借りればお金はかからない」かもしれませんが、私は買って手元に置いておくことも重要だと考えています。

それは、いつでも何度でも読み返せるからとか、ページの端を折ったりマーカーで線を引いたりできるからなどという理由だけではありません。

これも私の実体験ですが、つねに意識させられるというメリットがあるからです。


本を買って書棚に並べておけば、何度も本のタイトルが目に入ります。すると「起業」にしろ「投資」にしろ、自分が興味を持っているテーマに関し、日常の忙しさにかまけて忘れてしまうことがありません。

そうやって生活のなかで毎日意識させられるようになる。すると無意識のうちに「起業」や「投資」に関するアンテナが立ち、街を歩いていてもテレビを見ていても、関連する情報に気がつくようになります。


しかし図書館で借りた本はいずれ返却しなければなりません。返却すれば自宅の書棚にはありませんから、その本のことは意識の外に追いやられます。すると、「重要だけれども緊急ではないテーマ」は忘れ去られていくことになります。

起業や投資を夢見ていても、日常の忙しさのなかで優先度が下がり、どんどん時間が経過し、結局やらずじまいだった、ということにもなりかねない。

夢が夢で終わるとはこのことで、夜寝ているときに見る夢とそう変わらない話です。

だから私は、つぎの生き方を模索している人や、やりたいことが明確に定まっていない人、深く学習したい分野があるならば、関連本を手元に置いておくことは一定の効果があると考えています。つまり真昼に目を開けて見る夢にするのです。

そうして自分がやるべきことが決まり、実際に動き始めることができれば、もう書棚に本を置いておく必要はありません。そのことに向かって行動しているからです。

ゆえに現在の私の書斎には、もうほとんど本はありません。

POINT

「1500円の買い物」で人生を変革する

22 「海外旅行」に投資して「水準」を獲得する

私の人生設計を変えてくれた経験のひとつが**海外旅行**です。

私が初めて海外に行ったのは、確か27歳ぐらいのとき、会社の研修旅行でした。その後は34歳で独立起業してからで、中国やアメリカ、オーストラリアやニュージーランドへの不動産視察ツアーを開催していました。ただこれはあくまで仕事の幅を広げる一環にすぎず、とくに自分の人生に変革をもたらすものではありませんでした。

それが変わったのは、２０１１年3月の東日本大震災の直後に起こった原発事故でした。

日本だけではわからない「歴史」が見えてくる

原発の建屋が爆発する映像をテレビで見たとき「これはなんかヤバい」と直感しま

した。

水や食料の在庫はたくさんあったので、しばらくは家を締め切って外出を控えて情報収集していました。

そしていろいろな情報源に当たり、海外のニュースなども総合すると、これはおそらくメルトダウンで、放射線が大量に放出されているに違いない。政府が発表する「ただちに人体に影響はない」という情報も信用できない。

怖くなった私は、最初は実家のある岡山に避難しようと思っていました。ただそれは日本国内に限った移動にすぎないので、いっそのこと海外も視野に入れて「日本以外の居住地を選べる」体制をつくったほうがよいのではないかと考えました。

そして3月下旬、一時的に放射線から逃れる目的と、永住権が取得しやすく住んでもよいと思える国を探す目的を兼ねて、東南アジアを歴訪する旅に出たのです。

成長が著しいという情報だけは知っていたものの行ったことがなかったのと、不動産投資にもチャンスがありそうだという興味もあったからです。

そこで初めて訪れたマレーシアでのこと。現地ガイドの人が「日本のおかげで私たちはイギリスによる植民地支配から抜け出せ、独立できた。だから私たちは日本に感謝している」という話を聞いたとき、「アジアを侵略した日本」という学校で教わった歴史とは違うのでないかと疑問に感じました。

そこで帰国してすぐに第二次世界大戦前後の歴史書を読み漁ってみると、もちろん戦時下ゆえにいろいろあったとは思いますが、日本の統治に感謝していた人も少なくないと知りました。

インドネシアではオランダの支配を排除し、日本軍はインドネシア軍とともに訓練するなど、現地での交流も進んでいたそうです。

後年、インドの産業交流会に参加したときも、かつて日本にも駐在したことのある元インド人外交官が「私たちは日本が好きだ。インパール作戦を知っているか？　あのとき日本軍はインド軍と共にイギリスと戦ってくれた。だからいまでも年配のインド人は日本に好意を持っている」という話を聞きましたし、ほかの国でも「あの橋は日本のＯＤＡ（政府開発援助）でつくられたんだ。本当に日本には助けられている」などの話を聞くたびに、日本と海外との関係や歴史をもっと知らなければ、と思い知らされたものです。

価値観を揺さぶられる「衝撃的な体験」をする

国内旅行もいいですが、人生観やものの見方が変わるという体験ができるのは、やはり海外に行ったときです。

文化・習慣・価値観などは、日本ではどこに行ってもそれほど大きな差はないですから、「衝撃的」という体験はまれです。

しかし**海外に行けば、そもそも国家の仕組みや人々の考え方が根本から違うこともあり、自分の価値観を揺さぶられる経験ができます。**

そのなかのひとつ、カンボジアに行ったときの話をご紹介します。

平均月収が日本円にして1万円（当時）ちょっとというカンボジアの首都プノンペンでは、1台1500万円もする高級車レクサスがたくさん走っています。カフェブームで1杯500円のカフェも乱立しています。

一方、そこから車で約20分ほど走ったゴミ処理場では、5〜10歳くらいでしょうか。たくさんの孤児が働いていました。みな上半身ハダカで靴も履いていません。

彼らはうず高く積まれたゴミの山から鉄くずを取り出す仕事をしています。夕方に来るブローカーから、集めた鉄くずと交換にお金を受け取ります。

しかし、丸一日働いてもらえるお金はわずか40円ほどという。彼らは限りなくブローカーに搾取されているのですが、生きていくために、黙々と働いています。

子どもたちの多くは、15歳まで生きられないそうです。裸足なので、足をケガしてそこから雑菌が入り、病院にも行けず、ほとんど数年で死んでしまうとのこと。

ゴミ処理場に住んでいて、家もお金もなければ、学校にも行けないし、おいしいものも食べられない。彼らはその短い一生を、ゴミの山に囲まれて死んでいくのです。

彼らはスマホもパソコンも持てない。就職もできない。パスポートも持っていないですから海外にも行けない。人生を変えたくても変えられない。どこかへ逃げたくても、逃げられない。挑戦したくてもできない（これはもう15年以上も前の話なので、いまは状況が変わっているとは思います）。

新たな「水準」で日本が見えるようになる

ひるがえって「日本は格差が広がっている」などと言われますが、カンボジアに限らず、私がアジアの諸外国を見てきて感じるのは、日本は世界一格差の小さい国だということです。たとえばつぎのようなことを考えたことがあるでしょうか？

・携帯電話を持てない人は、どれくらいいる？
・学校に行けない子どもは、どれくらいいる？
・コンビニで買い物できない人は、どのくらいいる？
・病気になったりケガをしたりしても病院にかかれない人は、どのくらいいる？
・服を買えない人、裸足で生活せざるをえない人は、どのくらいいる？

つまり「格差、格差」と言う人は、「本当の格差がどういうものか」を知らないのです。

世界水準で比較すれば、日本には格差なんてないに等しい。確かに日本もいろいろ問題はありますが、世界の凄まじい格差を知れば、格差だなんて言えなくなります。

また、「自分はツイてない」「日本は夢が見られない社会になった」なんて言う人は、「本当の絶望がどういうものか」を知らないのでしょう。

戦争で家も財産も家族も奪われた人たち、あるいは貧しい国の貧しい人々が置かれた状況を知ると、自分がどれほど恵まれているかということに感謝でき、やりたいことは何でもできると感じるはずです。

日本で日本人として生まれたことは、人生ゲームで最初からサイコロの6の目を出してスタートしたようなもの。日本に感謝するとともに、環境を言い訳にしないで、自らの力で人生を切り拓こうという、前向きなモチベーションを得ることができます。

だから私と妻は、環境を言い訳にして「できない」「不運だ」「○○のせいだ」などという発想は一切ありません。

そして私たち家族の生き方に、強烈な自己責任意識をもたらしてくれたこの旅行での経験は、旅費以上に大きな財産となっています。

家族での外食などは食べれば終わりで、その効能（たとえばおいしいとか楽しいなどの満足度）は長期には続かないし、人生にそれほど前向きな力を及ぼすものでもない。

しかし**旅によって得られた経験は、その後の人生何十年にもわたって、自分の思考に影響を与え続けてくれるわけですから、きわめてコストパフォーマンスの高い投資**だと言えるのではないでしょうか。

だから私は、とくに10代後半から20代の若者には、ぜひ積極的に世界を見て回っていただきたいと思っています。

それはガイドブックに載っているような名所を確認して終わるだけの確認旅行ではなく、現地の人と話し、そこの人たちのモノの見方や考え方、習慣や慣習、文化や宗教などに触れる旅です。

POINT

旅の経験は一生ものでコストパフォーマンス抜群

23 「服装」に投資して「周囲からの信頼」を得る

本当に自分に自信がある人は、服装には無頓着です。私のまわりの富裕層でも、ユニクロが大好きな人も多いぐらいです。

その友人の一人から聞いた話ですが、彼がヨレヨレのTシャツにジーパン姿で高級輸入車ディーラーに行ったら、カタログももらえず試乗もさせてくれなかったと笑っていました。

『人は見た目が9割』（竹内一郎、新潮社）という本がベストセラーになったように、多くの人は見た目で判断します。周囲からの信頼を得るには、服装への投資も必要です。

スーツはオーダーメイドで「見た目」を演出する

そのひとつの方法として、**男性のスーツや女性のスーツ・ワンピースなどは、オーダーメイドもしくは体型に合わせて直しを入れるといいと思います。**

身体にフィットしていればシルエットがきれいに出るので、スタイルよく見せることができます。それはよい印象となるはずです。

オーダーメイドは値段が高いと思うかもしれませんが、昨今は非常に手ごろな価格となっていて、たとえば2着で5万円程度でつくれるようになっています。

私もスーツはオーダーメイドにしています。人前での講演といった仕事では見た目の演出は重要だろうと考えるからです。もう10年以上も前につくったものですが、型崩れや生地の毛羽立ちなども起きず、いまでも普通に着られます。

やはり**よい物を手入れしながら長く使うのが、余計な衣服費を発生させないひとつのコツ**だと思います。買い物をする手間もなくなりますしね。

といってもこれは男性目線の話であり、女性はそういうわけにはいかないかもしれません。そこで知人の女性経営者の例ですが、彼女は雑誌で素敵なコーディネートを見つけたら、H＆MやZARA、フォーエバー21などのファストファッション店で、似たような組み合わせを買うそうです。

プライベートで着飾ってもリターンなし!?

一方、プライベートで着る服はどうか。これもリターンを考えてみると、私の場合はそこにお金を使って自分を着飾っても、リターンはほとんどありません。

他人から「おしゃれ」とか「素敵」などと思われたい欲求はないですし、逆に「カッコ悪い」とか「貧乏くさい」などと思われたところで困ることも何もない。ゆえに私にとってはそこにお金を投じるのは無意味というわけです。

だから私服も15年以上買っていません。穴が開いたり破れたりする靴下やパンツを買い替える程度です。妻からはいつも「ダサい」と言われていますが。

POINT

手ごろな価格でオーダーメイドも手に入る

24 「食」に投資して「健康維持」も怠らない

食べるもので健康状態も変わる

失って初めて気がつく価値のひとつに「健康」があります。だから私は、**健康にお金を使うことも非常に重要**だと考えています。

健康でいれば何にでもチャレンジできますが、病気になったりケガをしたりしたら、できることが制限されるし、集中力が発揮できません。気力も弱くなる。

将来の疾病リスクを減らし、さらに医療費を減らすことにもつながるならば、それは立派な投資。だからお金をかける価値がある、というわけです。

そこでたとえば、自分や家族が口にするもの、つまり食品についても気をつけています。食べるものが身体をつくるならば、食べるもので健康状態も変わるからです。

そのため、ちょっと値段は高くても、より安心安全なものを食べるように心がけています。

添加物だらけの加工食品や調味料類はなるべく買わず、自然食品やオーガニックを原料としている食品を優先的に選んでいます。

もちろん無農薬や無添加にガチガチにこだわると逆に不便になるし、すべての化学物質や添加物を排除するのは現実には難しい。

だから、コスト、手間暇、利便性のバランスを取りつつ、可能な限り健康によくない（と思われる）ものを減らしていくという発想です。

健康食品やサプリメントは根拠がない!?

私は**健康食品やサプリメントの類は一切買いません**（ただし私は筋トレを趣味にしているため、栄養補給のためプロテイン＋ヨーグルトは飲んでいます）。

そのほとんどは医学的に根拠がないからです。

市販の健康サプリの成分を、国立研究開発法人医薬基盤・健康・栄養研究所　国立健康・栄養研究所の「素材情報データベース」で検索してみれば明らかで、そのほとんどは「人体に有為だとされる信頼できるデータが十分ではない」と書かれています。ブルーベリーも、あるいはコラーゲンやコエンザイムQ10やウコンも、医学的・科学的な効果効能は証明されていません。

実際、2024年には紅麹を使用した栄養補助食品で健康被害が報告されるなど、企業の利益追求のため品質が二の次になっているケースもあるでしょう。

健康食品やサプリメントに頼るよりも、いろいろな種類の食品をバランスよく食べることを優先してします。

適度な運動をやらない理由はない

また、健康維持のため私はスポーツジムに週3回程度通っています。筋トレとランでおおよそ1時間~2時間ほどのトレーニングです。

もはや繰り返し言い古されていることではありますが、**適度な運動、そして筋肉量を維持することは、免疫力を高め健康を維持するためには重要**です。

運動は体温を上昇させ血流をよくする効果があります。日中に充分な活動をして体温を上げておくことは、良質な睡眠にも貢献します。

また、運動が栄養の吸収を助けることもわかっていて、たとえば歩いたり走ったりするときの着地衝撃により、カルシウムが骨に沈着しやすくなると言われています。

運動によって脂肪が燃焼するだけではなく、筋肉量が増えれば基礎代謝がアップし、じっとしていてもエネルギーを消費する量も増えるため、太りにくくなります。

筋肉量が増えれば筋肉中の毛細血管も発達するため血流量が多くなり、身体の冷えを改善します。体温が高くなれば免疫細胞が活発化し、活性酸素を抑え込み、各種病気やガンなどを予防する力も強くなります。

有酸素運動によって皮脂腺からの発汗を促すことで、発汗に伴う毒素排出効果も期待できます。

皮脂腺からの汗には、体内に蓄積された重金属類などの有害物質が含まれていると言われますから、毒素排出にも貢献するのです(ただし、熱いシャワーをさっと浴びたときに出るような一時的な汗には含まれていないそうです)。

ミトコンドリアの数を増加させることが老化防止につながるのですが、それには腹八分目の食事と適度な運動が必要です。

運動は時計遺伝子に刺激を与え、体内時計を調整する作用もあります。人間の体内時計はおよそ25時間と言われており、24時間周期の地球とはズレが生じます。そのズレは日光を浴びることで調整されるのですが、規則的な生活をすることや適度な運動も調整機能を働かせるひとつの要因です。

また、運動によってダメージを受けた筋肉細胞の再生のために成長ホルモンが分泌されますが、テストステロンやDHEAといった若さを保つために必要なホルモンの分泌も増えるそうです。

さらに、脳の活動を活発にします。運動で分泌される成長ホルモンは肝臓でIGF-1に変換され、これが脳内の神経細胞に働きかけてBDNFという物質を増やします。

そしてこの物質が記憶の中枢を担う脳の海馬を刺激し、海馬の神経細胞を増やすのです。

海馬の神経細胞が増えれば記憶力はもとより学習能力が向上するので、たとえば運動ができる子どもは学力も高いと言われるのはこうした効能があるからでしょう。

このように**適度な運動（筋トレと有酸素運動）はメリットしかなく、やらない理由はない**と言えます。

ただし何事もやりすぎは禁物で、最初は負荷を小さく、あるいはパーソナルトレーナーに教わりながらのほうがいいかもしれません。

私が通っているスポーツジムは毎月約８０００円の会費がかかっていますが、スマホやパソコンなどの充電が無料で、さらにシャワーも使えますから、これらも組み合わせて有効活用しています。

POINT

適度な運動に時間とお金を使う価値あり

25 「住まい・空間」に投資して「時間・生産性」を得る

多少家賃が高くても会社の近くに住む

仕事の能力がまだ未熟なうちは、多少家賃が高くても会社の近くに住むほうが望ましいと私は考えています。仕事に没頭しつつ、人づきあいも積極的に行い、充分な睡眠時間を確保するには、やはり「職住接近」が有効だからです。

たとえば、もし電車で1時間のところに住んでいたら?

どんなに仕事が長引いても、終電には間に合うように会社を出ないといけませんから、夜11時半くらいが限度でしょう。そして家に着くのは1時間後の12時半。翌朝も7時には起きなければならないとしたら、睡眠不足気味で会社に行くことになります。

あるいは接待や飲み会などのつきあいで遅くなり、万一電車を乗り過ごしたら、タクシー帰りという痛い出費に見舞われてしまいます。

反対に、会社から歩いて10分の場所に住んだら？　あるいは自転車で10分の距離に住んだらどうでしょうか。

終電時間を気にしないで、仕事に打ち込めます。深夜1時をすぎて会社を出ても、すぐに部屋に着いてバタンキューできます。

翌朝も、始業時間が9時なら8時に起きれば間に合いますから、充分な睡眠時間を確保できる。飲み会で遅くなっても、同じくしっかり寝ることができる。

郊外に住んでいる人より仕事の時間も睡眠の時間も確保できるわけですから、アウトプットや生産性で大きなアドバンテージになる可能性が高まるでしょう。

それだけでなく、とくに**大都市圏であればたくさんの情報があふれていて、自分の成長につながる刺激やきっかけも多い**と思います。

私が東京都心と郊外の両方に住んでみて感じる違いは、都心の出会いの機会の多さです。仕事に限らず、勉強会や講演会、パーティー、セミナーなどさまざまなリアルイベントも、やはり都市部を中心に開催されます。ある程度の人口規模がなければ集客できないからです。著者としてデビューするのも、出版社が多い東京圏のほうが有利です。

「職場の近くは家賃が高くてムリ！」と感じるかもしれません。

しかし現時点での支出がどうこうよりも、職業人生全体で仕事の地力を高めていくこと、未知の世界を体験できることを考えれば、ある一定期間の家賃支出が増えて生活がカツカツになったとしても、得られるもののほうが大きいのではないでしょうか。

そしてこういう発想をサラリーマン時代から持っていれば、私の人生もまた変わったものになったかもしれないな、と反省しています。

外部書斎を数百円で買って生産性を上げる

私の自宅に自分用の書斎はありますが、家にいるとネットサーフィンなどをしてだらけるので、適度に人の目があるカフェのほうが生産性は上がります。

そのため私はほぼ毎日カフェを利用しており、こうして原稿を書いたり事業プランを考えたりなど、仕事はすべてカフェでやっています。スキマ時間があればすぐにカフェに飛び込みます。

これは**集中できる時間と自分の空間をわずか数百円で買っていることと同義で、コーヒーやラテはそこに付随するただのおまけという位置づけ**です。

また、打ち合わせ場所はホテルのラウンジなどを指定し、早めに行って仕事をしながら待つようにしています。

ホテルのラウンジにはモチベーションが上がる効果もあります。とくに平日の昼間、高級ホテルのラウンジに行くと、稼いでいそうな雰囲気の人たちが何やら打ち合わせをしています。そういう人を見ると、私は刺激されて俄然《がぜん》やる気になるのです。

だから私はモチベーションが下がってきたなと感じたときなど、仕事や打ち合わせは高級ホテルのラウンジを使います。

かつてカフェでパソコンを開いて仕事をしている人が「ノマド」「ノマドワーカー」などと呼ばれていたころ、彼らに対し「甘えている」とか「自己管理ができない人だ」とか「意志が弱い」という意見をネットの記事で見たことがあります。

私も確かにそのとおりで、意志が弱いという自覚があります。しかし、ゆえに**自分の性格や傾向を知り、お金をかけてカフェという集中できる環境をつくっている。それによって生産性を高め、より収益性の高い仕事をたくさんこなせば、甘えていようと意志が弱かろうと、どうでもいい**ことです。

実際、私がこれまでにカフェで書いた書籍は40冊以上、コラムも数百本、つくった講演資料や企画書なども数百本にのぼります。

仮に1杯400円前後、年間15万円くらいの出費になったとしても、それが年間数千万円の収入として返ってきている。

もちろんこれは私の仕事の特殊性もあるかもしれませんが、きわめて効率のよい投資だと感じています。

POINT

「職住近接」で仕事の地力を最大限に高める

26 「会食」に投資して「人間関係」を築く

「本を買う」「勉強会に行く」など、自分の能力を高めるためだけが自己投資ではありません。

友人や仕事上の仲間とのいい人間関係を築くこともまた重要であり、そこにお金を使うのも立派な投資であると言えます。

また、自分とはまったく違う世界の人と交流すると、「えっ、そんな仕事があるの？」「えっ、そんなに稼げるの？」「えっ、そんな生活してるの？」などという気づきもあり、「いろいろな生き方があっていいんだ」と、人生の選択肢を広げてくれる効果もあります。

そこで人間関係への投資という観点から、私が意識しているお金の使い方をご紹介します。

会食に戦略的に投資する

私は、**自分から誘った会食（飲み会）では必ず自分が全額を払う**ようにしています。そのため飲食費が1回1万円を下回ることはほとんどありません。

この**「おごる」というのは、非常に戦略的な人脈形成法**だと私は考えています。なぜなら、酒食をともにすることは、関係をつくり深めるのに手っ取り早く、かつ有効な方法だからです。

相手からいきなり「そこのカフェでお茶でもどうですか？　おごりますよ」と言われても「何を話せばいいんだろう？」と躊躇してしまいますが、「そこの居酒屋で一杯どうですか？　おごりますよ」と言われれば、気軽に応じられるのではないでしょうか。

また、相手が取引先であれば、一緒に飲んだ仲間、しかもおごってくれた相手を無碍にするというのはなかなかできることではないでしょう。つまり、仕事上で便宜を図ってもらえやすい。

それは利権という意味ではなく、たとえば急な仕事でも引き受けてくれるとか、ちょっと値段をまけてもらえるとか、ていねいにやってくれる（かもしれない）という意味です。

そもそも不思議だとは思いませんか。なぜ世界中で、歴史も文化的背景も異なる国であっても、人をもてなすときは晩餐会など酒食を振る舞うという共通の方法が取られてきたのかと。

酒食をともにすることで関係が深まるというのが人間の共通点だからだと思います。近所のノラネコ同士が「ささっ、このおいしいところを先にガブッとやってください」とはやらないでしょう。

また、**飲み会の相手の振る舞いを見れば、信用できるかどうかの判断材料になる**こともあります。

たとえば相手が目下の場合、お酌をしようとするか、あるいは食事を取り分けようとするかなどで、気配りの程度がわかります。

やらないといけないわけではないですし、「昭和の価値観」として拒否反応を示す若者もいると思いますが、自分が目下なら「そういう素振りを見せる」ことで印象がよくなるだろうと思うからです。

あるいは店員に横柄な態度をとる人がいれば、そんな人と一緒に仕事をするのはやめておこうとか。話題が誰かの悪口や陰口が多い人は警戒しようとか。

そういうことも含め、**他人との飲食にお金をかけることは、重要な投資行為のひとつだと考えています。**

誘ったほうがおごるのが大人のお金の使い方

私は「自分から誘った飲み会の費用は全額自分持ち」だと紹介しましたが、それはつまり**「ワリカン」はしない**ということです（ただし、会社の同僚とか学生時代の同級生など、気が置けない仲間との飲食はワリカンが基本です）。

そもそも誰かを誘って来てもらうということは、その人の大切な時間を自分との食事のために使ってもらっているということ。だから飲食代を持つことは、そこに対する敬意を表すことでもあるという考えからです。

逆に言うと、自分から誘っておいてワリカンにしようとする人は、「自分の都合で相手の時間を奪った挙句、お金まで使わせる」という、自己中心的な人物の可能性があります。

実際私もそういう人に何度か遭遇しましたが、彼らが大成することはありません。たまに絶対ワリカンというお金持ちもいるようですが、立場上など、清廉潔白さが必要な事情があるのかもしれません。

また、**会計のときに相手が払うと言ってきたら、「ここは私が」「いや私が」とやるのではなく、素直にごちそうになります。**

借りができたから、つぎにそれを返すチャンスができたということ。これは「関係を一度で終わらせない」という意味。

そこで、「たいへんごちそうになりました。つぎはぜひ私のほうで席を設けさせてください」とやれば、またつぎに会う約束ができる。

それを何度か繰り返せば、お互いもっと打ち解けあって信頼関係が強くなる。仲よくなったあとであれば、ワリカンでもまったく問題ないでしょう。

もっとも、これらは相手やシチュエーションによりけりで、職場の仲間や友人など、よく知った相手であればこのようなことをする必要はないでしょう。それに、目上の人におごろうとすると、逆に失礼にあたることもあります。

あくまで「新しい人と知り合い、仲よくなる」ための方法です。

他部署の人を誘って飲みに行こう

前述のような飲食投資は、一般的な会社員にはなじみがないと感じるかもしれません。しかし**会社員には会社員なりに人間関係への投資は可能で、それは社内人脈の強化・拡大**です。

たとえば**「組織の歯車になる」と言うとなんとなくネガティブな響きがありますが、これをポジティブな表現として、「巨大な歯車を目指してみる」のはどうでしょうか。**

そもそも大きな歯車は回転の中心に配置されることが多いですから、言い換えればその組織やプロジェクトの中心人物になっているということになります。

また、歯車が大きければほかの小さな歯車と組み合わさる余裕が生まれますから、より多くの人と関わりつながることができるとも言えます。

「噛み合う」という言葉があるとおり、いろいろな人とがっちり組み合えば、あなたなしでは物事が進まなくなる。それはつまり、あなたがその組織のキーマンになるということにほかなりません。

組織のなかではどうしても人とつながる必要があるわけですが、自部門だけでなく他部署の大勢の人とつながっていれば、部門間をまたぐ業務や、部門間の利害が対立する場面でも仕事がしやすくなります。

それこそ上層部とつながっていれば、彼らが持つ権限を活用できる可能性が高まるでしょう。

一方、小さな歯車では、多くの人と噛み合うスペースがありません。自分より大きな歯車と関われば、彼らの動きに自分を合わせなければならない。自分からスピードを変えたり、逆回転したりするなどはできない。

それに、もしひとり歯車になれば、誰とも関わらないということであり、どこにも影響力がない、いわゆる空回りすることになってしまいます。

人と関わるのは疲れるしいろいろストレスもありますが、自分の歯車を大きくしていくことは、それだけ社内での影響力が大きくなることを意味し、やがて「キミがそう言うなら」などと自分のペースや希望条件で仕事ができるようになる可能性が高まります。

そこで飲み会を「いつものメンバー」だけに限定せず、積極的に他部署の人間を飲みに誘ってみてはいかがでしょうか。

酒食の席で打ち解けておけば、部門をまたぐ仕事やお願いごとがしやすくなります。「キミの頼みだからしょうがないなあ」などと引き受けてくれることも多くなる。それは巨大な歯車になることにつながり、よい仕事にもつながるはずです。

POINT

気持ちよくおごり、気持ちよくおごってもらう

第5章

情報を精査してからお金を使う

27 よい専門家と悪い専門家を見きわめる

専門家の言うことが正しいわけではない

ファイナンシャルプランナーや投資アドバイザーの助言は信用できる、と思っている人は多いでしょう。確かに客観的な視点で自分ではわからなかった気づきを与えてくれたり、新たな着想のヒントをもらえたりすることはあります。

しかし、**専門家の言うことがつねに正しいわけではない**点に注意が必要です。

人間は権威に弱いものですが、**世の中にはよい専門家と悪い専門家がいることを前提に、彼らが発信する情報を見きわめようとする姿勢が必要**です。

その判断基準として、つぎの要素が挙げられると考えています。

①自分が知らないことがあることを知っているか
②自分の理論ないしは主義主張の限界や弱点を知っているか
③すべての人や状況に当てはまるわけではないことを知っているか
④グレーという状況に耐えられるか
⑤自分の考えを押しつけていないか

かつて新型コロナウイルス（COVID-19）の感染が拡大したとき、感染症専門家と言われる人たちがメディアに担ぎ出されていましたが、その発言をこの要素に照らして振り返ってみると「どれもバツじゃないか？」と感じた人もいると思います。

同様にマネーの専門家の言うことも、一歩引いてこの5つの要素に当てはめてみましょう。

たとえば書店にはたくさんのお金に関する本が並んでいて、本書もそのなかの一冊ですが、知識や情報を伝えるだけであれば経験の浅い人や成功体験のない人でもできます。

「奥付」を見るなどして著者のバックグラウンドや立場を確認してみるとわかりますが、金融機関に所属する従業員や、金融商品の販売員も存在します。

投資信託や保険などを売って得られる手数料で生計を立てていたり、講演がおもな収入源という人もいます。

すると、その著者に有利になるような情報も本のなかに多数存在している可能性があることに注意が必要です。

ゆえに本の内容を信じた読者にメリットがあるかというと別問題で、儲かるのは著者と出版社だけ、ということになる可能性もあるわけです。


もちろん専門家だからこそ本を書けるわけですし、自分が本当によいと信じることを発信するのは当然です。

しかし繰り返しになりますが、やはりポジショントーク（自分の立場を有利にしようとする発言、自分の考えや仕事を正当化しようとする発言）になりやすい側面があることは念頭に置いておく必要があります。

「自分とは関係のない平均」で安易に判断しない

「自分とは関係のない平均」とは、たとえば「子ども一人あたりの教育費は2000万円かかる」「日本人の死亡原因のトップは『ガン』」などというものです。

こうした脅迫というか煽られた不安によって、たとえば子どもをあきらめる、学資保険に入る、人間ドックに通う、がん保険に入る、という判断をする前に、ちょっと立ち止まって考えてみましょう。

「私立中高一貫校が大学進学に有利」とか「とにかく大卒の肩書は必要だ」といった価値観は、本当に自分の頭で考えて出した結論なのでしょうか。

私自身は子どもたちの強い希望がなければ公立で十分だと考えています。それよりも「多種多様な経験」が重要だと考え、お金は教育よりもそれら経験に多く使っています。

また、基礎学力の重要性は認識しているので勉強はしっかりやってもらいたいものの、大学は必須ではないと考えているので本人に任せるつもりです。

ただしFラン大（偏差値が低すぎて算定できないボーダーフリー大学）は返還不要の給付型奨学金を得られなければ絶対反対の立場です。本人に学業的適性がなく、同じく勉強が苦手な学友に囲まれたところで、時間もお金もパフォーマンスが悪いと考えているからです。

また、ガンに備えてガン保険に入る、人間ドックで検査するのは確かに合理的な行動に見えます。家族にガンにかかった人がいればなおさらでしょう。

しかし私自身は、それ以前に「どうすればガンになりにくい体を手に入れられるか」「どうすれば健康寿命をのばせるか」のほうが優先度が高いと考えています。

そこで50歳になる前にスポーツジムに通い、筋トレとランニングをしています。とくに筋トレは、前述のとおり老化によるさまざまな疾病を防ぐ効果があることがわかっているからです。

書籍に書かれた情報はあくまで参考。それをヒントに自分で調べ、ウラを取り、自分の頭で考え自己責任で判断する。それこそが「情報を活用する」ということです。

でもそれは面倒くさい。だから著者が差し出した「模範解答」に安易に飛びつく。

するとし自分がカモになってしまう危険性がある。
書籍とは、専門家にとっての「カモネギ発掘ツール」かもしれないと、冷静になってみる必要があります。もちろん本書も一歩引いて、疑いながら読んでいただきたいと思います。

POINT

専門家の見解は「模範解答」ではなく「参考材料」

28

広告を信用する人、疑う人

「ブルーベリーは目にいい」は本当か？

お金が貯まらない人は素直で純粋で善良です。「疑う」ことを知りません。とくにテレビなどでの広告宣伝はなぜか疑わないのです。

たとえば私がよく使う例として、ブルーベリーの話があります。「ブルーベリーが目にいい」という話を聞いたことはあると思います。

しかしこれはつくり話で、第二次大戦時にイギリス軍が流したニセ情報だというのは有名な話です。

一説には夜間迎撃作戦で戦果を上げたのが新型レーダーのおかげだったという機密

を隠したい軍が、パイロットのカニング氏がブルーベリー好きだった。そこでブルーベリーで夜目が利いた、という情報を流したと言われています。

このエピソードは諸説あって本当のところはよくわかりません。しかし、ブルーベリーを訴求する際の栄養成分であるアントシアニンが、視力回復に有為だとする医学的データや臨床結果は探しても出てきません。

そして、そういう逸話もあることを知ったうえで、ブルーベリーサプリの通販サイトの広告を見てみましょう。

「パソコンやスマートフォンをよく使う方、新聞や本の細かい文字が読みづらい方、車の運転をよくする方におすすめ」

というキャッチコピーが踊っています。

しかし「おすすめ」というだけで、なぜおすすめなのか、その根拠は何か、そのサプリを摂取すると、具体的にどんなメリットがあるのかも含めて、意味のあることはまったく何も言っていない、ということがわかります。

もちろん、健康食品が効能をうたうことは薬事法で禁じられているので、「効く」とか「効果がある」「治る」などとは書けません。

なぜなら、厚生労働省など医療当局による厳しい審査を受けていないからです。当然、治験などの長期にわたる臨床試験もしていない。

医学誌に論文として発表もされていないとしたら、再現実験といった第三者による検証に耐えうる根拠・データもないわけです。

つまり裏を返せば「効果はない」と言っていることに近いように感じます（ゆえに「個人の感想です」などの注意書きがされているのかもしれません）。

にもかかわらず、善良な市民は素直に広告コピーを信用し、サプリにお金を差し出す。

もちろんブルーベリーが健康に悪いわけではなく、栄養を補うことができる商品ではありますが、ただの食品のために割高な代金を払い、お金を吸い取られてしまっているとしたら？

賢い人は買う前にウラを取る

賢い人は買う前に調べます。**調べるのは「この商品をどこで買えば安いか」だけではなく、たとえば「その商品がいいとする根拠は何か」です。**

そうやってウラを取れば、何かを言っているようで何も言っていない広告宣伝やセールスコピー、セールストークを見破ることもできます。

そして、なくても困らない商品、とくに効果がわかっていない商品、どうでもいい商品を、広告宣伝費や利益が上乗せされた割高な値段で買わされることがなくなります。

その姿勢が、本当に納得できる買い物につながり、「何に使ったのか覚えていないけど、なぜかいつもお金がない」という状態から脱却できるのではないでしょうか。

そういえば以前、エイジングケア商品を扱っている通販会社のこんなCMが流れていました。

「結果にこだわる！　毛髪のために！」
「マツイク、マツイク、映える！」（漢字の間違いではなく、広告表記そのままです）

これらの商品は値段が高いのですが非常に売れているらしく、テレビＣＭを出せるぐらいですから販売している企業も儲かっているのでしょう。

しかしこれも、通常のヘアケア商品との価格差を埋めるだけの優位性は、何も言っていないということがわかります。もちろん人は、自分のコンプレックスを突かれると思考が浅くなってしまうものですが……。

それにしても、まつ毛ケア商品のフレーズで、ナレーションでは「生える」と聞こえるのに、文字では「映える」と書くのは、ちょっとやりすぎだろう……と感じるのは私だけでしょうか。

POINT

「広告を見る」→「買う」の間に「ウラを取る」

29 口コミを鵜呑みにせずに自分で確かめる

口コミの多くは「自分を正当化するもの」

広告宣伝には騙されない人でも、なぜか口コミは信用する、という人もいます。

そのため口コミで商品を売るネットワークビジネスが一大産業になっているわけですが、これもよくよく考えなければ、ただお金を失ってしまうことになりかねません。

それはステマの横行など、口コミサイトがすでにマーケティングの一手法になっているから、という理由だけではありません。

というのも、**世の中の多くの口コミは、内容がポジティブであれ、ネガティブであれ、基本的に自分を正当化するもの**だからです。

人は、自分の考えや判断を否定したくはないですから、自分の行為を正当化しようとします。

たとえば、自分が卒業した学校や自分がいま住んでいる街を悪く言う人、自分の子育て法や教育方針が間違っていたと言う人は、よほど悪い思い出がある場合を除き、あまりいないでしょう。「自分が買ったマンションはいいよ」「自分が飲んでいるサプリはいいよ」「子どもに使わせている教材はいいよ」などの言葉もそうです。

もちろん、本当にいい場合もあるでしょうし、ほかに比較するものがないということもあると思います。しかし、それを受けて「だから自分にもいい」と判断するのは早計というものです。主張をする本人の立場や状況によって言うことは変わるし、当然ながら自分とも違うからです。

レストランの「おいしい」「まずい」というのもきわめて感覚的であり、そのレベル感や水準は自分とは違うはず。

本の感想に至っては、知識・経験のバックグラウンドも、読書の目的も、本人の感受性も違うはずなのに、会ったこともない赤の他人の「いい・悪い」という評価を鵜呑みにする根拠なんてまるでないはずです。

健康情報の「鵜呑み」は危険

もっとも、レストランや家電、書籍や映画程度なら仮にハズレても害は少ないですが、医療や健康などは命にかかわります。

たとえば極端な例ですが、「医療が介入しない自然分娩がいい」という著名人の体験談を鵜呑みにし、産科にかからず何の医薬も機材も使わず自宅で分娩しようとした。

しかし思いのほか難産で、助産婦だけではどうしようもなくなり、結局救急車で病院にかつぎこまれる、というケースがあるそうです。

もっとひどいと、死産となったり母体が危険にさらされるなど、口コミを安易に信用すると取り返しのつかないことになる可能性があります（実際、自宅出産での死産で助産婦を訴える、などのトラブルもあるそうです）。

しかし病院での出産では、母体の体力消耗を防ぐために陣痛促進剤を使う、肛門裂傷を防ぐために会陰切開をしたり、赤ちゃんや母体に悪影響となる場合は帝王切開に切り替えるなど、状況に応じて対処法を適宜変更します。

出産に限らず、現代医療・標準医療を否定する主張がありますが、その代替案として「何もしない」というのはありえない。

たとえば「ガンは放っておけば治る」なんていうもののほうがむしろ有害です。それにガンひとつとっても、部位や種類、進行度合いによって対処法も異なるはずでしょう。

診察によって個人個人の状況を把握し、治療法や投薬の種類と量が提案される。当然副作用などのリスクもあるが、治療効果と比較し、医師と患者が相談しあって決める。こうした標準医療のほうが個別的ですし、そのほとんどに公的保険が適用されます。

そして、それでも不安があるときの補完として、あるいはメリットデメリットの検討のうえで、医師と相談して代替医療も取り入れる、というのが理にかなっているように思います。

POINT

「健康情報」の口コミは信じてはいけない

30 縁起は高くつく!?

私が仏滅の日に結婚式を挙げたわけ

縁起をかつぐ人は、相対的に高い買い物をさせられることがあります。たとえばわかりやすいところで言うと、大安や仏滅といった「六曜」です。

多くの人が結婚式を挙げるのは土日祝祭日です。さらにそのなかから大安を選ぼうとする、あるいは仏滅を避けようとすると、選択肢は狭くなります。

そして大勢のカップル・両親が同じことを考えるため、特定の日に申し込みが集中します。結果として費用は高止まりしやすいわけです。

しかし調べるとわかりますが、発祥とされる中国でも六曜はすでに廃れています。

そして日本でも明治政府が迷信だとして禁止したことがある、という話が出てきます。

実際に中国に住む知人に聞いたら「なにそれ？」という反応でした。

それで私は自分の結婚式でも仏滅を選びました。すると「曜日割引」という値引きを受けられ、当日はほかの披露宴もなかったため、2時間も延長できました。それで何も問題なく追加料金もなく終えることができ、メリットだらけでした。

縁起をかつぐ人は、高い値段であっても「縁起がいいから、仕方ないね」と受け入れます。

家を建てる際は地鎮祭や上棟式もしっかり行いますから、お金が出ていきます。初詣に行けばおみくじを引いたり、男の子の初正月を迎えれば破魔弓《はまゆみ》を買ったりしてお金を使います。実際、交通安全や無病息災のお守り、商売繁盛の熊手やダルマ、合格祈願の御札などが飛ぶように売れている光景を目にします。

しかしこれも根拠があるわけではなく、ただの風習にすぎないことがわかります。

もちろん、伝統行事は不要だとか、セレモニーの類はまったく無意味だなどと、味気のないことを言いたいわけではありません。

ただ慣習だから、めでたいから、そういうものだから、と何も考えずにお金を使ってしまうその行為が、いたずらにお金を減らす要因になりやすいということ。つまり自分にとっての意味を考えてお金を使いましょう、ということです。

たとえば上棟式は、近隣住民への披露や大工へのねぎらいの意味も込められていますから、それが合理的だと考えるならやりましょう、といった判断です。

風習・セレモニーの「意味」を考える

逆に、たとえば合格祈願のために初穂料《はつほりょう》を払って祈祷《きとう》してもらう、という行為の意味は何か。やれることはすべてやり尽くし、もうこれ以上はやることがない、という状態になり、それでも時間が余るならよいかもしれません。

しかし、本気で合格を目指している人は、そんな時間すら惜しいでしょう。

そして、不思議なことに、事業が軌道に乗ったり、年齢を重ねて余裕ができてくると、むしろ積極的に縁起をかつぐようになるようです。そういう人は、もはや自分の力量でどうこうなる、という次元を超えたステージにいるのかもしれません。

POINT
縁起をありがたがりすぎず「意味」を考える

31 「せっかく」「一生に一度」に弱い人、気にしない人

「せっかくですから」「一生に一度のことですから」

結婚式や披露宴など、おめでたい場面での商談などで出てくる典型的なセリフです。

ここで「そうですよね」と同調してしまうとしたら、やはり余計なお金を払わされる可能性があります。

お決まりのセールストークには「ツッコミ」を

結婚式や披露宴は基本的にリピートはないので、式場サイドとしては、その1回で儲けを最大化する必要があります。

そのため、契約をするまですごい勢いで営業することがありますし、契約後の打ち合わせでも、あの手この手でオプションをセールスし、利益を上げようとします（も

ちろん、そうでない式場もあります)。

そのときのお決まりのセールストークが、「せっかくですから」「みなさん、こちらを選ばれますよ」「こちらのほうが人気ですよ」「こちらのほうがもっと映えますよ」「一生に一度の晴れ舞台ですから」「縁起物ですから」「お似合いですよ」「ご祝儀である程度カバーできますから」「一般的にはこれが慣習ですね」などです。

親が資金を出す場合や、出席者に年配の人が多いとか、自分の立場があり多少なりとも豪華さが必要だ、という人はやむをえないかもしれませんが、「そうですよね」「確かに」「そんなものですかね」と安易に思考停止すると、思わぬ高額な出費になりかねません。

そこでたとえば、

「せっかくって何?」

「みんなが選んでいるから、人気だからといって、なぜ自分まで同じにする必要があるの?」

「結婚式は一度かもしれないけど、自分の晴れ舞台まで一生に一度しかないってどういうこと？」

「一般論を押しつけるなよ」

「そのセリフ、みんなに言ってるんでしょ？」

などと考えてみるのはいかがでしょうか。


ちょっと性格が悪い人のように映りますが、「ツッコミ」も論理的思考の応用です。

こうした**「ツッコミ精神」を発動し、その営業トークがいったい何を言おうとしているかをロジカルに考え、必要に応じて受け流す、といった姿勢を持つ**のです。

それに、いままで出席した友人知人の結婚式をどのくらい覚えているでしょうか。

両親、親戚、来賓などの手前もあるので確かにおろそかにはできませんが、わずか2時間で終わるものより、もっとほかにお金を振り向けるべきものがあるかもしれない、と思いを巡らせたいものです。


これは結婚式に限らず、あらゆるお祝い事や、マイホームを買う際など、さまざまな場面で応用が利く考え方です。

論理的思考が苦手な人は、一事が万事、抽象的で感情的な言葉に弱いものです。

たとえば「不謹慎だ」と言われとき、深く考えることなくシュンとしてしまいがちです。

しかしロジックで考えて、「なぜそれが不謹慎と言えるのか？　根拠は？」「不謹慎とは誰から見たものか？　誰による判断なのか？」「その人は不謹慎だと判断できる技量や資質を持っているのか？」「仮に不謹慎だとして、それで誰が困るのか？　具体的には何が困るのか？」……などとツッコんで考えれば、「そんなのアンタのモノサシで勝手に言ってるだけじゃん」という場面はよくあるものです。

そうやって見破ることができれば、まわりが反対することでも、臆せず行動することができるでしょう。

私自身、東日本大震災の直後に「みんなで飲み会をやろう」と呼びかけたとき「不謹慎じゃないか？」という意見がありましたが、「私たちがお金を動かさないと、被災地にも循環しないじゃないか」と説得して開催したことがあります。

POINT

抽象的なセールストークには具体的にツッコむ

32 なぜ詐欺話が見抜けないのか？

これまで、いろいろな投資詐欺がニュースをにぎわせてきました。そして相変わらずいまも続いています。

ここでいくつかの素朴な疑問が湧いてきます。

なぜ赤の他人においしい儲け話をするのか？

なぜわざわざ赤の他人に、おいしい儲け話をする必要があるのでしょうか。**確実に儲かるなら、他人よりもまずは身内に教えるはず**です。

私も不動産投資やＦＸなどの情報を発信していますが、身内にはすすめていません。

なぜなら、確実に儲かるわけではないし、それなりの経験と技術、そしてメンタルの強さが必要だからです。

そんなに魅力的な商品なら、なぜわざわざセールスの電話をかけるのでしょうか。

私は不動産の仕事をしていて感じるのですが、本当に優良物件なら、既存顧客にメールを送るだけで売れてしまいます。

わざわざインターネットに物件を掲載したり、電話をかけたりDMハガキを送ったりというセールス活動は一切不要です。魅力のない物件は結局、「営業しなければ売れない商品」であることが多いわけです。

それに**そんなに儲かるのなら、銀行からお金を借りて、あるいは消費者金融でキャッシングしてでも、自分だけでやったほうがよい**はずです。

なぜわざわざ他人に高配当を分配し、情報開示や説明義務を負い、配当の振り込み手続きをする、なんていう手間をかける必要があるのでしょうか。

確かに資金総額は大きいほうが、得られる利益も大きい。

たとえば不動産開発などでは自分の取り分も大きくなるため、お金を集めることもあるかもしれません。

あるいは事業の特性上、金融機関からお金を借りにくいため、お金を集める必要があるのかもしれません。

しかし投資詐欺案件（詐欺でなくても怪しい投資話）のほとんどは、一般個人からお金を集める合理的な根拠に欠けているように思えます。

「利回り」が高すぎるビジネスモデル

もう古い話ですが、かつて近未来通信という会社があり、利回り40％などという高利回りをうたっていました。そのとき知人から、それに投資しても大丈夫かと相談があり、私はこう答えました。

「くわしいことはよくわかりませんが、もし私がその会社の社長なら、銀行からお金を借りて自分で投資すると思いますよ。銀行借入のほうが金利が低いし、そのほうが儲かりますからね。

あえて資金を集めて顧客管理もして、さらに40％もの配当を出すなんてバカバカしいじゃないですか」

その後、その人が投資したかはどうかわかりませんが、ほどなく近未来通信は破綻しました。

また、大手証券会社から利回り17%の外債投資の営業を受けているがどう思うか、という相談があったとき、同様につぎのように答えました。

「大手証券会社なら金利1%以下で借入ができるでしょう。なら差し引き、16%も利回りがとれるので、銀行から1億を借りて投資すれば、年間1600万円の利益。10年運用して1億6000万円。

そうなってから元本を返しても、元本以上の利益が手元に残ります。わざわざ投資家を募らなくても、十分儲かるじゃないですか。

でも私がその証券会社の社長ならやりません。なぜなら、利回り17%がずっと続くわけではないと思うからです。いまは確かに17%かもしれませんが、利下げがあるかもしれません。為替変動によって元本が目減りする可能性もある。そう考えると、17%じゃむしろ低い可能性もありますよ。

それなら販売に徹し、手数料をいただいておしまい、というビジネスモデルのほうが安心ですからね」

その後、その人が投資したかどうかはわかりません。

しかしたとえばトルコリラはこの10年で10分の1以下の価値になりましたから、1億円預けたものが10年で1000万円に目減りしたことになります。そういうことが起こりうる世界なのです。

ここで考えなければならないのは、儲け話にお金を出す前に、「この人は、なぜ自分にこんなセールスをするのだろう?」「私が投資したらこの人にどんなメリットがあるのだろうか?」「自分がその会社の社長なら、どうやるのが最も儲かるだろうか?」を想像してみることです。

POINT

儲け話は「素朴な疑問」「ビジネスモデル」で見抜く

第 6 章

お金に働いてもらう

33 FIREを「FI」と「RE」に分けて考える

流行のアルファベットには要注意

昨今、アメリカを中心にして「FIRE」というコンセプトが人気です。これは缶コーヒーのことではなく、Financial Independence Retire Early、つまり「経済的に自立し（FI）、早期リタイヤする（RE）」という意味です。

こういう**アルファベットの頭文字を使ったキーワードが出てくるときは要注意です。必ずそれを商売にしようという人・企業が出てくるから**です。

ビジネスの世界でもたとえばCRMとかSFAなどと、内容はごく当たり前のシステム投資のことですが、それを導入すればあたかもあらゆる問題が解決する魔法の道具のような響きがあり、IT会社（ベンダー）のカモになってしまうというアレです。

また、そういう短縮キーワードを使うとなんとなく最新で賢そうなイメージもあるためか、中身を深く考えずつい口にしてしまいがちです。

ここでは、表面的な新規性（に思えること）よりも、内実に目を向けてみましょう。

「経済的自立」は言うまでもなく重要で、誰もがうなずくところだと思います。

そのうえで、**経済的自立には2つの意味があると私は考えています。1つは一般的な「自分の労働力に依存しない不労所得がある」**ということ、2つめは**「誰にも頼らず自分の腕一本で食べていける」**という意味です。

前者の不労所得にもいくつかのパターンがあります。

たとえば若いころは猛烈に働いて節約貯金し、あるいは起業してその会社を売却するなどして多額のお金を手にし、あとはそのお金を取り崩しながら生活するというタイプ。アメリカに多いと聞いたことがあります。

つぎは、貯蓄額はそれほどではないものの、高配当株や高利回り債券などによる配当収入や金利収入で生活する人、賃貸用不動産を所有し家賃収入で生活する人です。

とくに日本では、賃貸用不動産を複数所有し会社員を卒業する人が多い印象です。というのは、株にしても債券にしても、配当や金利だけで生活するレベルにするにはやはりそれなりの元手が必要ですが、不動産は手元資金が潤沢ではなくても、金融機関からお金を借りることで大規模な運用が可能だからでしょう。

後者の「誰にも頼らず自分の腕一本で食べていける」とは、ひと言で言うと「プロ」のことです。需要の高い技術（スキル）、希少性の高い技術、誰よりもうまくできる技術、余人を持って代えがたい技術を持っていれば、仕事の依頼が途切れることはない。

これは職人などに限らず、会社員でも同じことが言えると思います。たとえば生産管理のプロ、ＡＩ活用のプロ、あるいは組織マネジメントのプロなどは、引く手あまたではないでしょうか。

早期リタイヤするかどうかは「仕事観」

「ＦＩ」しても「ＲＥ」するかどうかの分かれ目となるのは本人の仕事観です。「働きたくない」「仕事が楽しくない」という人が「ＲＥ」つまり早期リタイヤを望みます。

私の知人でもリタイヤしている人を知っていますが、若いころからずっとリタイヤを目標としてお金を貯めて実現し、現在はおいしいものを食べたり、気ままに旅行に行ったり、日がなのんびり過ごしているようです。

一方、「仕事は楽しい。でも会社員だと自由にならない」という人は、自分で会社を立ち上げるなどして働き続けます。経済的自立も早期リタイヤも手段でしかなく、「自分がやりたいことを仕事にする」ためのリタイヤです。

私の周囲の富裕層はこのタイプが圧倒的多数派で、彼らは仕事が楽しくて仕方がない。そもそも好きなことをやって、顧客から感謝されて、お金までもらえるので当然と言えば当然かもしれません。

実際、一生かけても使い切れないほどの巨額の財産を持つ孫正義氏、柳井正氏、三木谷浩史氏が、なお現役を続けるのは、おそらくそういうことなのでしょう。

50歳を超えてなおプレーする、Jリーグ史上最高齢プロサッカー選手の三浦知良氏も「サッカーが好きだ」と公言します。

つまり、**イヤイヤ働いてきた（あるいはストレスに耐え忍んで働いてきた）人は早期リタイヤを選び、充実して働いてきた人は独立起業を選ぶ**と言えそうです。

これはどちらが正しいかではなく、本人がどういう生き方を志向するかという問題ですし、もちろんいろいろな人がいますから人によって考えも異なります。

たとえば私の周囲の不動産投資家のなかには、会社がイヤで不動産投資を始め、それで成功して会社を辞めたものの、ヒマに耐えきれず不動産売買ビジネスに進出する人、講演ビジネスやオンラインサロンなどを始める人は少なくありません。

早期リタイヤの「リスク」をどこまで織り込んでいるか？

なお、早期リタイヤを選ぶ人の多くは、その後も節約をする生活で日々を送る傾向があります。

たとえば数千万円のお金を貯めて、あとはそれを切り崩すだけとか、年間の配当収入や家賃収入が手取りで３００万円から５００万円ほどの小ぶりなスケールの人に多い印象です。

仕事から解放され自由になったのはいいのですが、興味関心のほぼすべてが「いかにローコストで生活するか」で占められているという、そういう生き方が幸福なのかどうか。

また、**リスクについても分析・把握し、対策を打っておく**必要があります。

まず1億円も投資元本を貯められるような人は稀《まれ》でしょうから、多くの人はその手前でＦＩＲＥすることになります。

それが株式や投信だけで構成されているなら、将来の減配や株価・基準価額下落のリスクをどこまで織り込んで生活設計を考えているのか。

現預金であれば、円安や資源価格高騰などでインフレが進んだときの資産価値の減少を想定しているのか。

会社を辞めれば厚生年金から外れますから、将来の年金受給額も減ります。それを補う方法を考えているのか、あるいはなくても問題ない計画をしているのか。当然ながら国民年金・国民健康保険に自前で加入し、住民税も自分で納めることになります。

旅行やレジャーや外食がどのくらいのレベルでどのくらいの頻度でできると思っているのか。あるいはなくても問題ないのか。自分の趣味嗜好が変わることも想定しているのか。

独身者や共働き世帯は別として、子どもがいれば学費や教育関連費なども想定済みなのか。

そしてもしお金が足りないという事態になったら、バイトでもするのでしょうか。社会から長く離れたうえに60歳や70歳を超えてできる仕事は限られていて、あまり選り好みできないような気もしますが……。

将来、親に介護が必要になったとき、支えられるのか。生涯医療費の半分以上は70歳以降にかかってくると言われており、病気や医療費への備えも考えているのか。

そして自分自身（あるいは配偶者）が介護を受けなければならなくなったとき、設備や体制の整った施設に入居できるのか。

若い人はまだ元気だし親も健在な人が多いでしょうからピンとこないかもしれませんが、確実に見えている未来です。

POINT

自分の「仕事観」「リスク許容度」を考える

34 ＦＩＲＥは人を幸せにするか？

最大の懸念は「知的能力の劣化」

もちろんのんびり生きたい人もいるでしょうから個人差があるとは思いますが、「ＦＩＲＥは人を幸せにするか？」を考えたとき、私の場合は「否」です。

なぜか？　まず「ヒマすぎる」のです。

私はゴルフや釣りやサーフィンなどといった趣味があるわけでもないですから、普段はとくにやることがない。旅行やキャンプは楽しくても、子どもたちの学校や保育園があるからそう頻繁にはできない。

むしろ毎日やってたら飽きそうです。旅行もキャンプも非日常体験であるからこそ楽しいわけで、それが日常になったらワクワクしない気がします。

また、観たい映画などがそうそうあるわけでもない。加入しているアマゾンプライムで探しても、「この映画を観たからといって、何がどう変わるわけでもないしなあ」と感じてしまい、観る気になれない。


そして**最大の懸念が「人間としての性能が向上しない」リスク**です。

これはあくまで一般論ですが、**普通の会社員がＦＩＲＥしたところで、その後に交流する人間関係のレイヤーは基本的に上がることはない**と思います。

一方、退職しても起業してビジネスを始めれば、つきあう人の多くは起業家や経営者であり、なかには自分よりはるかに成功している人との交流もあります。

つまり人間関係のレイヤーがこれまで以上に上がる可能性がある。すると、自分の視野が広がり実務能力も向上し、あるいは仕事のチャンスも広がる。自分自身の経験からもそう言えます。


しかし会社員からＦＩＲＥ、つまりただの引退だと、自分から積極的に動かない限りそういう機会にはほとんど恵まれません。

なぜかというと、起業家や経営者の視点を持っている人と持っていない人とでは会話が噛み合わないため、成功者や富裕層とはお近づきになれないからです。

そして、仕事をしない＝知的活動の減少を意味しますから、知性・知能が向上しないか、あるいは劣化していくリスクにさらされます。

早期リタイヤで私が恐れるのは、この**「知的能力の劣化」**です。

私たちが知性・知能を高める目的はより幸せになるためであり、それは「より自分に有利かつ合理的な意思決定ができる」ことでもあります。

一方で、せっかく必死に受験勉強をして大学に進んだにもかかわらず、自分は不幸だとか、国から搾取されていると社会を呪っている人がいます。

いったい何のために勉強し、大学で何を学んできたのか。そういうメンタルを身につけるために高額な学費と時間を投入したのかと思うと、むなしくならないのだろうかと。

お金は大事だけれどそれだけではない

前述のとおり孫正義氏や柳井正氏などのように、使い切れないほどの資産があっても仕事をしている人がいるように、人生にお金は大事だけれど、それだけではないことがわかります。

つまり、**人は仕事をして世の中に価値を提供したり人や社会の役に立つことを通じて自己実現を果たしたり、顧客からの感謝の声によって自己有用感などの自尊欲求を満たす**わけです。

それに、自分が死んで100年もすれば、自分のことを直接知っている人はこの世からいなくなります。そうやって忘れ去られていく。

私も自分の両親の戸籍の除籍謄本を取り寄せて約200年近く家系をさかのぼったことがあります。名前を見ても誰も知らないし、私の親ですら祖父母以前は名前しか知りません。

つまり自分が「確かにこの時代を生きていた」という証が除籍謄本ぐらいしかなく、それは自分が存在しなかったのと同じではないかと感じてしまいます。

せっかく便利で豊かで平和な「現代日本」に生を受けたというラッキーなこの命、やはり小さくてもいいから燃えて輝きを放ちたい。

私が書籍の執筆に力を入れる理由はそこにもあり（もちろんそれだけではありませんが）、自分がこの時代に存在したという爪あとを小さくても残せればいいなと思っているからです。

それは自分のためだけではなく、生んで育ててくれた両親への感謝、そしてつぎの時代を生きる子どもたちにも何かを示したいのです。

というわけで、あくまで「私の場合」ではありますが、ＦＩＲＥは私を幸福にはしないと感じています。

POINT

知的能力が劣化して幸せになれない

35

お金に働いてもらうという発想

自分の労働力に依存しない収入源

私の両親はすでに80代後半に入っており、ちょっとした体の不調でもこじらせて入院することがあるなど、高齢化に伴う体力や免疫機能の低下を見て実感していることがあります。

それは **「人はいつかは働けなくなる日、自由に身体を動かせなくなる日が来る」** ということです。

理屈としてはそのとおりでも自分はまだまだ元気ですから、実際にはなかなかピンと来ないものですが、それを両親の状況に直面して初めて実感しました。

もちろんなかには生涯現役として元気に働き、突然ポックリとこの世を去るような、いわゆる「ピンピンコロリ」を体現する人もいますが、自分がそうなるという保証などどこにもない。

ガンなどの疾病リスクは加齢とともに上がりますし、膝が痛い、腰が痛い、肩が上がらないといった不調も出てくるものです。

そんな状況になっても強いのはやはり「自分の労働力に依存しない収入源」、つまり「不労所得」です。

「終わりよければすべてよし」と言われるとおり、人生の後半戦が幸福なら人生全体の幸福感が得られるはず。

逆に現役時代にどんなに立派で賞賛されたとしても、老後に没落し不遇の生活を強いられれば、不幸感に襲われ、すると過去の栄光にすがっていまを嘆くことになり、それは避けたい。人は何より「いま現在の感情」が最も強いからです。

だからこそ本業は本業として重要ですが、**自分が動けなくなっても稼いでくれる収入源、たとえば金利収入、配当収入、家賃収入などを確保しておくと安心**です。

高配当株・高金利外貨・不動産投資が有望

そんな「自分の労働力に依存しない収入源」として有望だと私が考え実践しているのが「高配当株」「高金利外貨」「不動産投資」です。

株式投資は成長する可能性が高い銘柄を買うのが定石とはいえ、そんなダイヤの原石を見抜くのはなかなか難しい側面があります。

そこで配当利回りの高い**高配当株**に投資することで、安定的な配当を得ようというわけです。高配当ゆえに仮に株価が下落してもそれは買い増すチャンスになりますから、暴落相場が来ても一喜一憂せずに済みます。

私は米国株でエネルギー・通信といったインフラ関連で、10年以上増配を続けている銘柄を中心に選んでいます。

米国株を選んでいるのは日本のように人口減少による景気後退のリスクが小さく、インフラ関連は倒産などのリスクが相対的に小さい、そして10年以上増配しているなら将来の減配のリスクも低いだろうと考えてのことです。もちろん未来はわかりませんから期待どおりになるとは限りませんが。

つぎに**高金利外貨**ですが、現状では日本と比較すればほとんどの国の通貨の金利が高いため、金利収入を狙って米ドル、英ポンド、南アランド、トルコリラ、メキシコペソなどに分散投資しています。

将来的にはこれらの国も利下げをするでしょうし、日本も利上げしますから、金利差は縮小するとは思います。それでも当面は日本の金利のほうが低い状態は変わらないと予想し、外貨投資をしています。

そして**不動産投資**ですが、これも不労所得の王道のひとつです。

というのも、ほかの運用手段と違い、金融機関からお金を借りて（自己資金をあまり使うことなく）大きな投資ができるうえ、人気のエリアに物件を保有すれば、空室リスクも家賃の下落リスクも最小限で、あとは優秀な管理会社に委託しておけば、自分は何もしなくても家賃収入が得られるからです。

さらに居住用不動産の家賃収入は消費税非課税ですし、立地がよければ価値が目減りしにくいという利点もあります。

今後は金利の上昇局面とはいえ、日本の景気の不安定さや賃上げを目指す国策、さらに赤字国債残高などいろいろな状況を考えると、短期間で大幅な金利上昇は考えにくく、まだローンを組んでの不動産購入がしやすい環境です。

ただし人口減少のインパクトは地方郊外から始まるため、長期の運用を考え都市部や駅近を中心に所有しています。

POINT

金利収入・配当収入・家賃収入などを確保する

36 NISA口座を活用する

何年で配分するかを検討する

2024年から始まった新NISAは以前のNISAと比べても使い勝手が格段によくなり、人気も上々のようです。

つみたて投資枠は年間120万円、成長投資枠（一般株式）は年間240万円で、合計上限は1800万円、成長投資枠の上限は1200万円までです。

あとはこれを何年で配分するかを検討します。

わが家の場合、投信の積立は、後述しますがすでに確定拠出年金（企業型DC）のなかで年間66万円×夫婦二人でやっているので、積立枠はひとまず置いておきます。

私は現在53歳なので、年金が受け取れる65歳まで積み立てるとして、12年にわたって成長投資枠を使って個別銘柄を積み立てます。

すると積立額は毎月7万7000円で、これを複数の高配当銘柄に分散させ、さらに毎月ではなく毎週積み立てます。

別に毎月でもいいのですが（調査結果では毎月でも毎週でも毎日でも運用成果はほぼ同じだそうです）、単に気分の問題です。一度に多額よりも、少しずつ購入していくほうが安心感がある、という私個人の感じ方にすぎません。

妻は42歳ですから65歳まで23年ですが、こちらもいったん月額7万7000円を積み立てます。すると、夫婦で合計約15万円を毎月積み立てることになり、週にすると1万9000円×2口座×4回ということになります。

また、これまでの運用成績の調査によると、保有期間が10年未満だと運用成績はまちまちで、保有期間が20年を超えるとほぼプラスとなり、元本割れのリスクが非常に低くなるというのが金融庁から紹介されています。

なので積立をいったん65歳で終了させ、あとは銘柄ごとの運用成績と自分の年齢を考慮しながら取り崩していくという感じになるでしょうか。

それは、その時になってからでないとわかりません。

おそらく65歳になっても頭はしっかりしているだろうとは思いますが、株式投資への興味関心が続いているかは不透明です。

とはいえこれまでも述べたとおり基本的には高配当銘柄を狙った投資であり、仮に年利5％であれば、２口座合計２４００万円で年配当１２０万円ということになります。

これだけだと少ないですが、非課税枠を使い切っても一般口座で積み立てればよいので、もっと増額して使える枠は使い切ってしまえばいいかなと考えています。

ただＮＩＳＡは年間の投資上限が決まっているため、頻繁な売買ではなく基本的に積立・長期というやり方にマッチしています。

早期に限度枠いっぱいを使い切るのもあり

値上がりに期待して投資をするならば、できるだけ早期に限度枠いっぱいを使い切って、あとは放置という方法を推奨している専門家もいます。

たとえば投信積立のみの人は、毎年120万円を投資し、15年で使い切る。個別銘柄などの成長投資枠であれば、毎年240万円を投資し、5年で使い切る。合わせ技なら、つみたて投資枠120万円＋成長投資枠240万円を投資し、やはり5年で使い切るという方法です。

それであとは老後資金が必要となるまで数十年ずっと放置し、値上がりを待つというイメージです。

なるほど、これはこれでひとつの方法だと思います。

POINT

成長投資枠で「個別銘柄」を積み立てる

37 ふるさと納税で節税のワナ

節税効果はなく住民税を納める場所が変わるだけ

誤解している人もいるようですが、ふるさと納税に節税効果はありません。ふるさと納税は税金が安くなるわけではなく、住民税を納める場所が変わるだけです。

ある自治体に寄付することで、本来は自分が住んでいる自治体に納めるべき住民税がその自治体へ納税されます。

自分が寄付した金額が翌年の住民税から控除されるため税金が安くなったと勘違いしがちですが、控除された住民税は寄付先の自治体に納められていますから、実質的な税負担は変わりません。

ただし、そのお礼という名目で地元の特産品などをもらうことができ、その実質的な負担は2000円ですから、それ以上の価値がある返礼品をもらえるのであれば、その分だけお得になるわけです。

また、これは自分が納める税額に依存しますから、収入や家族構成によって控除できる上限額が決まってきます。

- **所得税の控除上限：総所得金額等の40％**
- **住民税の控除上限：総所得金額等の30％（一部特例あり）**

つまり低所得者は支払っている税が少ないですから、ふるさと納税で使える金額も小さい一方、高所得者は支払っている税が多いですから、ふるさと納税で使える金額も大きくなります。

たとえば1口2万円の寄付で牛肉が2キログラムもらえる寄付先があったとします。1口だけの枠しかない低所得者が1口だけがもらえるのは2キログラムなのに対し、高所得者は10口できる枠があったとしたら、牛肉は20キログラムもらえます。

それでも負担は双方ともに2000円だけ。前者は2000円で2キログラムの牛肉をもらえ、後者は2000円で20キログラムの牛肉をもらえる。

このように高所得者（高額納税者）ほどトクをする仕組みになっているのです。

そういえば以前、ノートパソコンの返礼品（寄付額100万円）を見たとき、「これが2000円ならメチャおいしい！」などと思ったことがあります。

とはいえ、所得が少ない人でもそれなりに恩恵はあります。というのも、2000円以上の価値がある返礼品は探せば数多くあり、とくに物価高の昨今では「えっ！これでたった2000円？」というお得感のある返礼品が少なくないからです。

いずれにしても、ふるさと納税がいくらまで可能なのか、その金額の確認は非常に重要です。控除可能額を上回る金額を寄付したとしても税金から控除することはできず、ただの寄付となってしまうからです。

また、ふるさと納税を行い所得税・住民税から控除を受けるためには、原則として確定申告を行う必要があります。

ただし、一般的な給与所得者などの場合、確定申告を行わなくてもふるさと納税の寄附金控除を受けられる「ふるさと納税ワンストップ特例制度」があります。

特例の申請にはふるさと納税先の自治体数が年間5団体以内で、ふるさと納税を行う際に各ふるさと納税先の自治体に特例の適用に関する申請書を提出する必要があります。

POINT

自分ができる「ふるさと納税」の金額を確認する

38 iDeCoをやらない理由が見当たらない

老後のための資産形成で有力な方法のひとつが「iDeCo（個人型確定拠出年金）」です。iDeCoは収入の低い人でも年利15％、平均的な年収500万～800万円の人なら年利20％、年収1000万円を超えるような人なら、年利33％もの高利回り商品となりえます（独身者の場合。家族構成や所得によって異なります）。

超低金利時代の現在、資産運用で年利10％という数字を上げ続けるのは至難の業ですが、それがiDeCoを活用すれば、本人の努力や才能とはまったく関係なく、15％や30％超といった年利を稼げるのです。

実はこの利回りは、減税効果によるものです。

iDeCoの掛け金は全額所得控除されるため、所得税と住民税が安くなります（会社員の場合は、毎年の年末調整による所得税の還付、翌年の住民税が減り毎月の手取り額のアップとなります)。

「増やす」というより「(税金という)支出を減らす」ことで実質的な経済的メリットが得られるのです。

節税は景気に左右されることもありませんから、〝株価や為替とはほぼ無関係に、さらに本人の能力とも無関係に、メリットを享受できる〟制度なのです。

では、弱点はないのでしょうか?

iDeCoは金融商品を自分で選んで自分で運用する制度なので、うまくやれば資産の増加が期待できます。しかし反面、相場の変動によって元本が減る可能性があります。

もちろん定期預金や保険商品を使えば、途中解約しなければ基本的に元本が減ることはありませんが、インフレ時には実質的に目減りすることになります。

とはいえ、仮に運用で利益が出なくても、インフレで若干目減りしたとしても、何もしないよりは節税分だけ確実にメリットが得られます。

また、iDeCoはいったん始めたら60歳までは引き出せない制度なので、使いたいときに使えない、という点を指摘する人もいます。しかし逆に、老後資金を強制的に貯められるという点においては、むしろ長所と言えるでしょう。

加入期間中に得られた運用益（金融商品の売却益、分配金、利息など）は全額非課税で、対象となっている投資信託にかかる手数料も非常に安い。

60歳を迎えてiDeCoの年金を受け取るときは、一括で受け取る「一時金方式」か、毎年少しずつ受け取る「年金方式」、あるいはその併用から選べます。

そして、所得税の計算では、一時金方式なら「退職所得控除」、年金方式なら「公的年金等控除」の適用を受けることができます。

これは、民間の保険の満期返戻金や年金が一時所得や公的年金等控除の適用されない雑所得扱いで、総合課税となるのと比べても、非常に優遇されています。

つまりどんなに「iDeCoをやらない理由」を探しても、私には見つからないのです。

なので投資信託での運用の最優先はiDeCoです。ただし後述しますが掛金上限は小さいので、余裕がある人はプラスしてＮＩＳＡでの運用がよいと思います。

iDeCoと通常の年金との違い

ここからは少し詳細にiDeCoの制度について解説していきます。

iDeCoを単純化して言うと、「加入者が毎月掛け金を払って、定期預金や保険、投資信託などで運用し、60歳以降に年金として受け取る制度」です。

これは、サラリーマンが加入している厚生年金、自営業者が加入している国民年金とは別の年金制度です。

通常の年金と大きく異なるのは、年金が「賦課方式」（現役世代から広く保険料を徴収し、受給者にそのままスライドして分配する）なのに対し、iDeCoは「積立方式」である点です。

賦課方式の年金は、「将来いくらもらえそうか」というシミュレーションはできても、徴収された年金保険料は全員の分がごちゃまぜにされるため、自分が預けたお金がいまいったいいくらになっているのかはわかりません。逆にこれが不公平感の元にもなっています。

一方、積立方式のiDeCoは、自分がもらう年金は自分で積み立てる方法で、自分で積み立てたお金はすべて自分で受け取ることができます。

iDeCoは自己責任型の年金形成法

また、iDeCoは「見える化」と「持ち運び」もできます。

積立をしている金融機関の専用ウェブサイトにログインすれば、自分のお金がいまいくらになっているかがすぐにわかります。

転職・離職する場合でも、自分のiDeCoを持ち運ぶことができます。

また、iDeCoは運用方法を自分で決める制度なので、払い込みの窓口となる民間の金融機関（銀行や証券会社など）を決め、そこが用意している金融商品のなかから自ら選びます。

商品の種類は、大きく「元本確保型」のものと、「元本変動型」のものに分けられます。

前者には定期積立預金や確定給付型の生命保険が、後者には投資信託があります。

掛け金は通常の年金などと同じく「全額所得控除」ですが、民間の保険と同様に、会社員なら年末調整（会社に控除証明書を提出）、自営業者なら控除証明書を添付して確定申告をします。

加入期間は最低10年で、10年以上加入すれば60歳から受け取れます。仮に52歳で加入した場合、受け取りは62歳からと後ろにずれる形になります。

このように、自分で積み立て、運用方法も自分で選ぶという、完全な自己責任の年金です。

iDeCoの加入条件と掛け金

iDeCoを含む確定拠出年金は大きく分けて、「企業型」と「個人型」の2種類があります。

企業型（企業型ＤＣといいます）の場合、会社が制度を導入し、社員のために掛け金を拠出します。会社が負担する金額に加えて、個人が追加で拠出できる「マッチング拠出」も可能です。

個人型（iDeCo）の場合は、各人が自分で掛け金の金額を決め、自分のお金で積み立てていきます。

毎月の掛け金は最低月５０００円からですが、１０００円単位で指定できます。途中で金額の変更も可能で、届け出を提出すれば年１回まで可能です。

家計が苦しいときは、会社や金融機関に届け出をして一時的にストップすることもできます（その間は退職所得控除の加入期間にカウントされません）。

拠出できる掛け金の金額は、会社員か自営業か、あるいは会社の制度の有無によって上限が決まっています。

自営業者の場合は個人型iDeCoで、掛け金は国民年金基金と合わせて月６万８０００円までです。

たとえば国民年金基金に毎月２万円払っていれば、確定拠出年金の掛け金は月４万

8000円までということになります。

会社員の場合は、勤務先の年金制度によって変わります。

会社が企業型DCを導入していれば、掛け金は合計で月額5万5000万円まで（ただし、マッチング拠出を利用している場合はiDeCoの利用はできません）。

企業型DCではない確定給付型の企業年金制度（厚生年金基金など）を導入している企業の場合、掛け金の上限は月額2万円（企業年金によって異なる）。

会社が企業型DCも企業年金制度も導入していなければ、自営業者と同じく個人型iDeCoの扱いとなり、掛け金の上限は月額2万3000円（自分の預金口座からの引き落とし）。つまり普通の企業に勤めている会社員は、少なくとも月額2万3000円までは払い込むことができるということです。なお、掛金上限については現在見直しの検討が行われており、増額される見込みです。

POINT

完全に自己責任の年金「iDeCo」を使いこなす

39 使える制度はすべて使い倒すという発想を

最後にわが家のケースをご紹介します。

私は、お上（政府）が許可している節税策はすべて使い倒すという発想で、そのなかから自分に有利（と思われる）ものを取り入れています。

そこでiDeCoについては、従来は個人型に加入していたのですが、2014年に企業型の掛け金上限が増額されたのを期に、自分の会社で企業型確定拠出年金（企業型DC）に加入しました。

企業型なので掛け金は一人あたり月額5万5000円、夫婦で月11万円ですから、年間132万円の老後資金の積立です。

この場合、掛け金は法人から拠出しているので個人の所得控除には使えませんが、所有する法人にとってはメリットがあります。
それは、掛け金は全額損金計上できる（経費として落とせる）ため、法人の節税になる点です。

そのほか**小規模企業共済**（経営者や自営業者が加入できる退職金。これも掛け金全額が所得控除となる）にも加入しています。

こちらも夫婦でそれぞれ掛け金上限の月7万円、合わせて14万円の拠出なので、所得控除金額及び積立額は年間168万円。

さらに個人及び法人で、**セーフティネット共済**にも加入しています。こちらは掛金上限が月20万円まで、総額800万円になるまで積み立てることができます。金利等はつきませんが、掛金全額が損金算入でき個人・法人ともに節税になり、積み立てた金額に応じて借りることも可能です。

さらに民間の保険の所得控除も活用しており、夫婦ともに所得税で年間12万円＋住民税で年間7万円の控除枠をフルに使える最小の金額だけ加入しています（個人年金

月1万円、生命保険　月8000円、医療保険　月8000円）。

この個人年金、生命保険、医療保険の3種類で夫婦それぞれ月2万6000円ずつの掛け金ですから、所得控除額は夫婦合わせて38万円。

所得税率10％とすると、住民税と合わせ、民間保険での利回りは6％以上になります。

積立額は合計で年62万4000円になりますが、すべて掛け捨てではなく満期返戻金がある貯蓄型のタイプです。

そのなかでも返戻率（払い込んだ保険料に対し、満期や中途解約で戻ってくる金額の割合）の高い保険を選んでいるため、60歳以降になれば、払込保険料の100％以上が戻ってくる予定です。

仮にインフレ率が急上昇して実質価値が目減りしたとしても、掛け捨てよりはマシだ、という判断です。

すべてクレジットカード払いなので、ポイントも1％が毎月加算されます。

これらは60歳・65歳・70歳と段階的に受け取れるように期間をずらして設定しており、老後には夫婦合わせて８０００万円以上が戻ってくる計算です。

IDeCoに限らず、小規模企業共済も民間保険の所得控除も、国家が用意した合法的な制度です。

もちろん、これには国のメッセージが込められているのは言うまでもありません。とくにiDeCoに関しては、政府が「もう公的年金ではあなたたちの面倒を見きれません。だから老後の資金は自己責任で備えてね。その代わり、いろいろ優遇するからさ」と、国民を誘導しているのは確かです。

政府が吹く笛の音で踊って資産が減るものと、資産が増えるものがあるとすれば、所得控除や損金算入ができる保険は後者ではないか。踊らされてトクをするなら踊ったほうがよかろうと私は考えています。

POINT

国が用意した制度は「乗る」価値あり

午堂登紀雄（ごどう　ときお）
1971年岡山県生まれ。中央大学経済学部卒。米国公認会計士。大学卒業後、東京都内の会計事務所にて企業の税務・会計支援業務に従事。大手流通企業のマーケティング部門を経て、世界的な戦略系経営コンサルティングファームであるアーサー・D・リトルで経営コンサルタントとして活躍。2006年、株式会社プレミアム・インベストメント&パートナーズを設立。現在は個人で不動産投資コンサルティングを手がける一方、投資家、著述家、講演家としても活躍。『捨てるべき40の「悪い」習慣』『「いい人」をやめれば人生はうまくいく』『孤独をたのしむ力』（いずれも日本実業出版社）、『33歳で資産３億つくった僕が43歳であえて貯金ゼロにした理由』（日本経済新聞出版社）などベストセラー著書多数。

教養《きょうよう》としてのお金《かね》の使《つか》い方《かた》

2025年２月１日　初版発行

著　者　午堂登紀雄
発行者　杉本淳一

発行所　株式会社日本実業出版社　東京都新宿区市谷本村町３−29 〒162-0845
編集部　☎03-3268-5651
営業部　☎03-3268-5161　振　替　00170−1−25349
https://www.njg.co.jp/

印刷／壮光舎　製本／若林製本

ISBN 978-4-534-06159-1　Printed in JAPAN